POUR EN FINIR AVEC L'ANTIAMÉRICANISME

Du même auteur:

Gerry Boulet. Avant de m'en aller. Biographie.
Éditions Art Global, 524 pages, Montréal,
1991.

Le Pendu de Chicoutimi. Récit historique.
Éditions du Progrès du Saguenay, 125 pages,
Chicoutimi, 1980.

Mario Roy

POUR EN FINIR AVEC L'ANTIAMÉRICANISME

Boréal

Les Éditions du Boréal sont inscrites au Programme de subvention globale du Conseil des Arts du Canada.

Conception graphique : Gianni Caccia
Graphisme : Gérard

Diffusion au Canada : Dimedia
Distribution en France : Les Éditions du Seuil

Données de catalogage avant publication (Canada)

Roy, Mario

 Pour en finir avec l'antiaméricanisme

 Comprend des réf. bibliogr.

 ISBN 2-89052-571-6

 1. Antiaméricanisme. 2. États-Unis - Opinion publique étrangère. I. Titre.

E840.R69 1993 327.73 C93-097309-7

*À Thomas, né en même temps
que cet opuscule, ainsi catapulté
sur une planète qu'il trouvera,
je l'espère, tout de même magnifique...*

Les idées mènent le monde,
surtout les mauvaises.

Jean-François Revel
Le Regain démocratique

1

L'empire du Mal

Les États-Unis d'Amérique constituent l'empire du Mal, peut-on affirmer en retournant la célèbre sortie que Ronald Reagan a commise à l'époque où l'URSS était encore l'URSS.

Il s'agit même de l'empire du Mal absolu, en ce sens que, de la terre d'Amérique, il n'est jamais sorti, il ne sort et il ne sortira jamais rien de bon à quelque niveau et en quelque matière que ce soit. En outre, ce Mal est rayonnant. Car, de son propre chef, il se propage incoerciblement dans tous les pays du monde où survient quelque événement malheureux, ou perçu comme tel, constituant l'unique explication des déboires et malheurs des contrées alliées ou adversaires, indistinctement, des États-Unis d'Amérique.

Le Mal est politique :

Les États-Unis [...] sont beaucoup moins

vulnérables mais ça ne les rend pas moins belliqueux. [...] L'Amérique est bien mal en point. Sa démocratie est malade : le pouvoir de l'argent l'a tuée, avec ce résultat que ce sont maintenant les médias et les lobbies réactionnaires qui la contrôlent.

> Bernard Boulad,
> *Voir*, 4 juillet 1991.

Diplomatique :

L'effronterie américaine (est) un exemple de plus que le Nouvel ordre mondial n'est rien d'autre qu'incertitude, aggravation de tensions, conjonction de crises, « alors que se répandent l'arrogance occidentale et une cohorte d'archaïsmes, de racismes, de haines et de xénophobies », écrit *Le Monde diplomatique*.

> Francine Pelletier,
> *La Presse*, 30 mai 1992.

Militaire :

(Cet) État mercenaire prêt à anéantir les pauvres et au service des pays riches, [...] l'Amérique, c'est la grande machine à exclusion et à génocides, [...] c'est la militarisation interne, c'est la gestion glacée de la souffrance humaine.

> *Le Devoir*, 27 février 1993,
> citant Alain Joxe.

Socioéconomique :

Ces New-Yorkais snobs qui n'ont jamais daigné m'adresser la parole, tout à coup m'invitent chez eux pour un verre à quatre heures ! [...]

L'hôtesse raconte une anecdote : [...] une femme portait un tailleur Chanel et des gourmettes et des boutons dorés mais, croyez-le ou non, elle avait un manteau de magasin à rayons ! Et l'hôtesse de conclure : *Elle portait cela avec tellement d'élégance que je l'aurais tuée !* [...]

Mais le sujet de conversation principal de tout ce beau monde : l'argent. On mentionne le prix de tout. [...] Mes hôtes exhibent toute la satisfaction qu'ils éprouvent à posséder les choses... [...]

Quelques formules de politesse rapide et je sors enfin de ce petit univers puant...

Maurice Tourigny,
Le Devoir, 9 juillet 1992.

Et culturel :

La formule (du remake) permet de ne pas dépayser le spectateur américain [...] et de satisfaire son ethnocentrisme. [...] L'Amérique, si riche en techniciens, en acteurs et en argent sonnant, est pauvre en scénaristes, en idées.

Quand le cinéma américain n'a pas d'idées, il achète celles des autres.

Odile Tremblay,
Le Devoir, 3 avril 1993.

Surtout culturel, en fait :

Aux USA, c'est la culture qui est totalitaire [...]. Les journaux, la télé, la musique sont faits à la manière d'Orwell : ils parlent une langue de bois.

Le Devoir, 25 février 1993,
citant Noam Chomsky.

Comme Dieu, le Mal est partout, tout le temps.

* * *

Aux États-Unis même et partout ailleurs en Occident, ce théorème est tenu pour démontré.

Et il sert de système de pensée, de *credo*, d'acte de foi, à une intelligentsia qui peut ainsi se payer le luxe de n'avoir pas à réfléchir pour briller dans les salons des quartiers *in*, ces évêchés des temps modernes. Et pontifier du haut des chaires des médias institutionnels locaux, trop contents de faire un peu reluire leur image d'agents constestataires en s'attaquant à bon compte, en tout confort et sans danger, au système capitaliste, au péché de la consommation.

Au Mal américain.

Qui dit *Mal* dit *religion*, bien sûr.

L'antiaméricanisme est la grande doctrine sacrée de la seconde moitié du vingtième siècle. Elle a été révélée par un étonnant aréopage de prophètes venus de l'extrême-droite et de l'extrême-gauche pour nourrir le peuple païen d'un brouet à base d'épices rares et chères aujourd'hui introuvables partout, sauf dans quelques belles armoires de cuisine (décapées) d'Outremont ; et d'ingrédients divers, plus ou moins frais, conservés au fond des réfrigérateurs des cafétérias universitaires.

Car l'antiaméricanisme est un dogme essentiellement bourgeois qui, égal en cela

pontifier = pontificate perorare ?

à tous les autres, autorise le mensonge, la bêtise et le mépris.

Tout ce qu'il est interdit de dire, ou même de penser, à propos de quelque peuple ou nation que ce soit, il est en effet permis de le lancer à la tête des Américains. Et ce, en usant de pseudo-analyses essentiellement supportées par des préjugés, où la pure réaction haineuse remplace l'examen véritable des faits, où la fabulation et l'aveuglement volontaire tiennent lieu de recul historique.

L'antiaméricanisme est aujourd'hui la seule forme de racisme non seulement permise, non seulement *politically correct*, mais entretenue, encouragée et stimulée par de puissants *establishments* : la grande industrie de la pensée, la haute bourgeoisie universitaire et la classe dominante médiatique.

2

Une créature répugnante

On peut présumer que l'antiaméricanisme naquit à l'instant où la République fédérée des États-Unis proclama son indépendance, le 4 juillet 1776.

Cette doctrine prit d'abord forme chez les nobles et les bourgeois britanniques, qui ne réussirent pas, malgré la guerre qu'ils entretinrent contre les Américains, de 1775 à 1782, à ramener à leur botte la première colonie européenne qui ait exprimé le désir de se soustraire à la tutelle métropolitaine. Circonstance aggravante, les Américains manifestèrent par la même occasion l'intention d'instituer chez eux un système politique égalitaire tenant pour nuls et non avenus les privilèges, toujours de rigueur en Europe, de la classe dirigeante.

Les intellectuels se chargèrent alors de traduire en mots la grogne bourgeoise.

« L'Amérique est-elle une erreur ? »

Telle est la question que se posent, à la fin du XVIIIᵉ siècle deux auteurs européens, Henry Steele Commager et Elmo Giordanetti. La question fut doctement examinée par les penseurs commis à l'examen critique de la société de l'époque. Ceux-ci ne négligèrent aucune piste afin de mieux honnir cette créature étrange qui semblait bien devoir échapper à leur pouvoir. Même les filières géologique et zoologique furent fouillées, travail d'investigation à partir duquel on put déterminer que cette partie du globe :

> ... dernière à émerger après le déluge [...], en porte encore les traces dans ces nombreux marécages, dans ces ruissellements et ces suintements, dans cette atmosphère moite et malsaine. [...] Seules pullulent les espèces inférieures, insectes, serpents et autres bêtes venimeuses. Les espèces vivantes *bonnes* se rabougrissent au sein de cette nature de cauchemar, jusqu'à disparaître.
>
> Élise Marienstras,
> *Les mythes fondateurs de la nation américaine*, citant le comte de Buffon et Cornelius de Pauw (1778 et 1774).

Dans *Martin Chuzzlewit*, le Britannique Charles Dickens écrit au milieu du XIXᵉ siècle :

> ... cette république, qui n'a la bride sur le cou que depuis hier pour suivre sa noble

carrière, et qui est dès aujourd'hui tellement boiteuse et estropiée, tellement pleine de plaies et d'ulcères, tellement pénible pour le regard et désespérante pour l'esprit, que ses meilleurs amis se détournent avec dégoût de cette créature répugnante...

Même phénomène au Québec — pour des raisons qui ne sont pas si différentes.

Dans *L'Image des États-Unis dans la littérature québécoise* (1775-1930), Guildo Rousseau remarque que la méfiance vis-à-vis des Américains « se manifeste dès l'éclosion de la vie littéraire. Dans la première moitié du XIXe siècle, les écrivains ont le sentiment que le rayonnement de la culture intellectuelle américaine au Canada [...] nuit à leur propre popularité auprès des lecteurs autochtones. » Cette xénophobie naissante est aussi véhiculée par un clergé ultraréactionnaire. Dans un chapitre dûment intitulé *Le combat contre l'Amérique*, Rousseau cite :

> Vous figurez-vous un poète habillé en Yankee ? Et les créations de leur mercantilisme, leurs villes alignées au cordeau, leurs blocs de maisons avec cette architecture grotesque, prétentieuse, qu'ils ont créée à leur image [...] ; concevez-vous rien de plus prosaïque, de plus béotien, de plus opposé à l'art et à la poésie ?
>
> Abbé Henri-Raymond Casgrain,
> *Lettres américaines.*

En récompense de ses efforts, le curé reçut en 1889 le prix de l'Académie française et, la même année, fut fait membre de la Société royale du Canada.

Cependant, l'antiaméricanisme tel qu'on le connaît aujourd'hui naquit à la fin des années 1940.

C'est-à-dire immédiatement après que le peuple américain eut sacrifié la vie de trois cent mille des siens dans une entreprise militaire visant à libérer du fascisme, du totalitarisme et du racisme une Europe qui s'était mise elle-même à feu et à sang.

C'est-à-dire à peu près au moment où, conformément au plan Marshall, le débardeur de Milwaukee, Wisconsin, et le barbier de Baltimore, Maryland, tirèrent des montagnes de fric de leurs poches (72,5 milliards de dollars en aide extérieure de 1945 à 1959) pour les consacrer à la reconstruction du vieux continent anéanti, d'une part, par la soif inextinguible de conquête territoriale d'un dictateur illuminé et sanguinaire et, d'autre part, par l'incapacité des Européens à défendre eux-mêmes leurs terres, leurs possessions, leurs institutions démocratiques et leur intégrité physique.

Au début, les grands chantres de l'antiaméricanisme furent les intellectuels français (inspirés par leurs confrères allemands) avec à leur tête Jean-Paul Sartre, dont on sait aujourd'hui qu'ils ont réussi pendant près d'un demi-siècle à se tromper sur tout, tout le temps.

Le délire s'est maintenant un peu atténué et, en France, certains osent fouiller les décombres de la pensée.

À commencer par Jean Cau, qui fut le dévoué secrétaire de l'illustre philosophe et qui (dans *L'Ivresse des intellectuels*) écrivit bellement avant de s'éteindre, le 19 juin 1993 : « Vingt ans plus tard, quand je vis, sur une photo, Sartre haranguer des ouvriers de Renault rassemblés en maigre paquet autour du tonneau sur lequel il était juché, je compris que tout était fini. [...] Et si le couvercle avait cédé et si Sartre avait disparu, avalé par le tonneau, je me serais signé en contemplant, le cœur noyé de souvenirs, le cercueil d'une époque. »

« Pacifistes, anti-impérialistes, progressistes... Avec le recul, on les découvre aveugles, courtisans, potiches ou sous-marins. Les compagnons de route servirent une mauvaise réponse à de bonnes questions », écrit Gérard Guicheteau (dans *Historia*, juillet 1992).

« Les liens privilégiés entre certains penseurs et le pouvoir [...] prirent dans les situations extrêmes la forme d'un indéfectible amour du totalitarisme, (ceux-là) cherchant, avec le sens de l'Histoire, celui du vent portant les ailes de leur renommée », ajoute Michel Schneider (dans *La Comédie de la culture*).

« Dans quel musée des aberrations intellectuelles le ranger, ce dialogue [...] entre un communiste et un fasciste avéré qui communient, semble-t-il, dans la même répugnance à l'endroit du *modèle de république universelle marchande de type américain* ? », conclut Bernard-Henri Lévy (dans *L'Idéologie française*).

Il est clair qu'à la belle époque du totalitarisme triomphant, les idéologues français ne furent supplantés par personne sur le terrain du délire terroriste et antidémocratique.

Cependant, les Américains eux-mêmes entreprirent des efforts méritoires, Herbert Marcuse battant la marche avec sa géniale invention, la « tolérance répressive » pervertissant la société occidentale en général, et américaine en particulier. Dans le numéro de l'automne 1990 du périodique *Cinémas* placé sous le thème *Américanité et cinéma*, Gilles Thérien remarque la « dépendance des milieux universitaires américains à l'égard de la pensée européenne, et tout particulièrement de la pensée et de la mode intellectuelle française ».

Ce phénomène allait s'avérer déterminant.

Dans les éprouvettes des intellectuels américains, les fantasmes marcusiens se sont mués au fil des ans en un système sophistiqué de mensonge, d'asservissement et d'autodestruction. Sous ces dehors, que nous aurons l'occasion d'examiner plus loin, l'antiaméricanisme ordinaire et traditionnel, pour ainsi dire, se voit à la fois augmenté et dépassé sur sa droite par une haine plus viscérale et plus profonde encore des États-Unis. « Récurrent depuis toujours, l'antiaméricanisme s'est réveillé [...] après l'écroulement de l'empire soviétique », constate Éric Roussel (dans *Le Figaro littéraire*, 9 avril 1993).

De sorte que l'antiaméricanisme se retrouve plus vivant que jamais, avec un petit air pimpant qui fait plaisir à voir.

La dérive de la pensée à la mode québécoise

Entre-temps, chez nous, au Québec, c'est avec un peu de retard que les artisans et compagnons de route du grand virage prolétarien du mouvement syndical convinrent, au début des années 1970, d'emboîter le pas. L'effort ne fut pas trop grand : ils n'eurent somme toute rien à inventer et se contentèrent d'importer le prêt-à-penser français.

Ce fut l'époque bénie du manifeste coco-pompier de la Confédération des syndicats nationaux, bientôt doublé de son jumeau tout aussi rigolo de la Centrale de l'enseignement du Québec.

> Le capitalisme impérialiste américain a une influence directe sur la vie de tous les Québécois. [...] Le fonctionnement du système capitaliste est anarchique dans ce sens que la production n'est pas organisée pour répondre aux besoins des gens. [...] Quant à l'État québécois, la soumission qu'il affiche devant le capital américain fait pitié à voir.
>
> *Ne comptons que sur*
> *nos propres moyens,*
> CSN, 1971.

Et en écho :

* Confédération des syndicats nationaux

La société capitaliste est par nature une société d'exploitation où les classes dominantes (au Québec, la bourgeoisie américaine et la bourgeoisie anglo-canadienne) et leur valet servil [*sic*], l'État, exploitent le travail des hommes et les besoins des consommateurs pour accroître leurs profits et leur puissance.

> *L'école au service*
> *de la classe dominante,*
>
> CEQ, 1972.

Rappelez-vous, camarades : c'était aussi l'époque où Léandre Bergeron expliquait dans les sous-sols enfumés de l'édifice de la CSN — je l'ai vu de mes yeux et entendu de mes oreilles — qu'il nous fallait, à l'image de Mao, envoyer les médecins aux champs et faire soigner les infarctus par les prolétaires instruits de la ligne juste.

Ah ! Bergeron...

En 1972, dans un petit bouquin au ton fabuleusement paternaliste, *Pourquoi une révolution au Québec,* il sonnait la charge :

> Tout ce que les Américains peuvent fabriquer de bébelles, des mini-tracteurs aux vagin en plastique, on l'achète. L'Amérique qu'on est juste en train de découvrir, pour nous, c'est un marchand de bébelles. [...] On a, les québécois, les canadiens, les mexicains, les noirs américains, les travailleurs américains, les puerto-ricains, et tant d'autres, UN ENNEMI COMMUN, L'IMPÉRIALISME AMÉRICAIN.

CEQ : Centrale de l'enseignement au Qué.

Il n'est pas inutile de noter, afin de juger de la profondeur des propos de Léandre Bergeron, que celui-ci profitait de l'occasion pour attaquer un ennemi au moins aussi dangereux que l'Amérique. Il s'agit de la... langue française :

> Toutes les *fautes de français* dans ce texte sont voulu et prémédité. Il faut commencer quelque part à un moment donné à écrire comme du monde et cesser d'écrire comme l'exige la classe dominante pour perpétuer son règne...

Tout cela semble incroyable aujourd'hui.

Car au début des années 1970, on l'apprécie avec le recul, la société québécoise se vautrait avec une magnifique inconscience dans des *lendemains qui chantent* sans même avoir eu à se farcir le *grand soir.*

C'était l'époque où l'État québécois se consolidait, affirmait sa (relative) indépendance et ses pouvoirs ; devenait, pour le meilleur et pour le pire, le monstre que l'on connaît aujourd'hui. L'époque où se forgeait la classe québécoise des affaires, laquelle allait plus tard s'employer à démontrer par ses retentissants échecs que le capitalisme n'est pas aussi facile à pratiquer qu'on le dit dans les livres.

C'était l'époque, enfin et surtout, où les syndicats tenaient le gros bout du bâton, mettant à genoux les entreprises et l'État, leur « valet servil », décrochant pour leurs membres de fantastiques augmentations de salaire, obtenant des clauses de sécurité d'emploi coulées dans le béton.

Tout cela n'existait pas, bien sûr, pour les intellectuels de l'*establishment* syndical. L'essentiel était la rhétorique, ce magma de clichés réactionnaires et déjà périmés utilisés pour crier : « Au loup ! », sans discontinuer et sans défaillir... jusqu'à ce que, bêtement, l'économie s'effondre, tirant le tapis sous les pieds des hurleurs ébahis.

Le mouvement syndical est bien avancé, aujourd'hui, avec sa crédibilité réduite à zéro, ensevelie sous une montagne de bêtises.

Incapable de jouer convenablement le rôle de contre-pouvoir qui est le sien dans une démocratie capitaliste en bon état de fonctionnement, il se réfugie dans un corporatisme frileux et regarde béatement passer le train — parfois le rouleau-compresseur — des bouleversements affectant le monde du travail. Le bâton a en effet changé de main en vertu d'un inévitable retour de balancier : c'est maintenant l'entreprise, et le patronat, et l'État qui font la loi, la dure loi des mises à pied, de l'exploitation des petits, du mépris du peuple, du pillage légal et systématique de la richesse — ou du moins, de ce qu'il en reste — de la majorité. C'est pour de bon, cette fois-ci, c'est pour de vrai, pas seulement dans la propagande paperassière des congrès annuels et autres assemblées confédérales.

Il est indispensable, urgent, impérieux, que le syndicalisme québécois ressuscite. Qu'il se montre intelligent, innovateur, soucieux de l'intérêt des plus faibles — des jeunes, en particulier. Qu'il se fasse, en un mot, révolutionnaire. Ce à quoi son passé catho, ses assiduités idéologiques et ses accointances bourgeoises l'ont bien mal préparé.

Mais cela, évidemment, est une autre histoire.

Le procès de l'Amérique

Ici comme ailleurs, le noyau dur de l'antiaméricanisme fut donc composé très exactement des mêmes personnes qui, pendant près de trois décennies, défendirent des idéaux de paix, de vérité, de liberté, d'égalité et de fraternité... et qui, pour parvenir à ce monde idyllique, tentèrent de faire basculer leur petit morceau d'Occident dans un système fonctionnant partout où il s'est implanté à base de terrorisme intellectuel, d'hyper-militarisme, de contrôle policier, d'internement politique, d'hécatombes institutionnalisées, d'inefficacité économique, de charlatanisme scientifique, de destruction de l'environnement, de falsification de l'information, de paupérisation continue et de néant culturel.

Ils étaient progressistes, n'est-ce pas, du côté du peuple — ben voyons ! —, les compagnons de route enthousiastes de ces commandos qui rêvaient de détruire le système, sabotaient des hôpitaux pour des chicanes de cafétéria, maniaient l'explosif et le poing... américain, cassaient les gueules réactionnaires, maniaient une plume vindicative en attendant le grand soir où le Québec accéderait, dans l'odeur de la poudre et du sang, au statut convoité d'une nouvelle Chine, d'un nouveau Cambodge, d'une nouvelle Albanie, et où ils seraient Mao, ou Pol Pot, ou Hodja, meneurs éclairés déterminés à servir à la sauce québécoise les plats mijotés selon les recettes éprouvées dans les cuisines de l'Est.

Tous ces visionnaires ont échoué, bien sûr, dans leur grande entreprise.

Et le marxisme est bien mort, ajoutera-t-on. Nonobstant le fait, non négligeable il me semble, que des gardes-chiourme marxistes règnent encore sur des enclos emprisonnant plus de 1,2 milliard d'esclaves, c'est-à-dire près du quart de l'humanité. Et le fait aussi, certainement moins dramatique mais tout aussi avéré, que les brigades locales de petits despotes en herbe formés à l'école du délire idéologique ont en général trouvé à se recycler et sévissent toujours au sein de l'aristocratie québécoise de la pensée.

En outre, peut-on simplement passer par profits et pertes cette période de grande noirceur qu'a vécue la caste occidentale des idées en soutenant l'une après l'autre toutes les dictatures marxistes ?

Comment se fait-il que la quasi-totalité

des forces vives des intellectuels occidentaux ait été consacrée pendant si longtemps à l'incessante analyse apologétique d'un système qui *ne marche pas*, néanmoins toujours victorieux — sur papier, bien entendu — face à un autre qui *marche* à peu près ?

Ne devrait-on pas refaire mille fois l'examen de cet inquiétant dysfonctionnement de notre industrie de la pensée si l'on veut identifier ses rouages défectueux lorsqu'ils se mettront de nouveau à grincer ?

Nous ne perdrons d'ailleurs pas de temps à attendre.

La vieille machine de l'obscurantisme et du terrorisme intellectuel a été rafistolée et s'est déjà remise à tourner. Elle sature le marché du prêt-à-penser d'un produit dont la fiabilité et la durabilité sont sans équivalent dans la (haute) société de consommation des marchandises intellectuelles : il s'agit du *kit* d'idées et de positions *a priori* — de préjugés, en somme — servant à instruire sans relâche le procès des États-Unis. Et ce, sous deux principaux chefs d'accusation.

Un : l'Amérique est la seule responsable de tous les maux affligeant quelque point que ce soit de la planète, ces malheurs découlant de catastrophes naturelles ou attribuables à la main de l'homme, que l'on se trouve en temps de guerre ou de paix, que l'événement survienne en pays ami ou ennemi, les États-Unis étant intervenus ou pas.

Deux : l'Amérique est un monument de stupidité, d'amoralité et d'inculture ; tous ces attributs sont contagieux de sorte que, comme un virus malin déclenchant une épidémie, la nullité rédhibitoire des États-Unis corrompt petit à petit l'ensemble du globe.

On notera au passage que ce deuxième volet du réquisitoire est plutôt affligeant pour le reste de l'humanité puisque ces idiots malfaisants, amoraux et incultes auraient ainsi réussi à imposer aux autres leur philosophie de vie, leur approche économique, leur environnement technologique, leur culture et leurs valeurs ! Et ce, sans jamais recourir à la force dans les pays où, précisément, toutes ces choses se sont le plus largement et le plus profondément répandues...

En somme, il faut constater qu'à l'aube de l'an 2000, on en est encore, au sujet de l'Amérique, à ressasser un discours élaboré cinquante ans plus tôt, un discours qui a survécu, intact, aux plus grands bouleversements sociopolitiques des temps modernes.

Car ce discours-là a survécu !

Incroyable, non ?

Je sais bien la force de la réaction.

Je me croyais capable de bien mesurer la lenteur avec laquelle se meuvent les pouvoirs — politique, économique, culturel, intellectuel — qui sont toujours conservateurs et perpétuellement en retard d'une guerre, comme on aime à le dire des militaires.

Je me doutais aussi que, parmi ces pouvoirs, celui détenu par l'aristocratie du savoir n'allait pas se renier lui-même, trahir son passé, bafouer son essence profonde qui a été et qui est, le plus souvent dans l'histoire de l'Occident, de freiner l'expansion de la liberté de penser. Et ce, par tous les moyens possibles, de l'assassinat par le feu à la belle époque du cartel intello-religieux jusqu'à l'interdiction par non-délivrance du permis de penser, façon certainement plus civilisée de museler quiconque ne se conforme pas à l'idéologie dominante.

Hélas ! ce corporatisme semble correspondre à un type d'instinct profondément logé dans les entrailles de l'homme puisqu'on le voit sévir dans tous les secteurs d'activité : l'intellectuel tend à protéger son droit exclusif de manier les idées comme le plombier s'efforce de monopoliser le droit à la manipulation des tuyaux. Ces deux activités, pas si dissemblables qu'il n'y paraît à première vue, sont à notre époque régentées par d'envahissantes et besogneuses intendances dispensatrices de chartes, diplômes, conventions et autres accréditations qui, dans tous les cas, ont une clause en commun : celle de l'exclusion.

« La sagesse populaire n'est pas infaillible mais la notion de *con diplômé* repose sur tant d'expériences vérifiables et concordantes qu'il paraît difficile de mettre en doute sa réalité. [...] Dans bien des cas, le diplôme qui se présente comme une garantie n'est qu'une justification : il autorise la connerie bien plus facilement à celui qui en est pourvu qu'à celui qui en est démuni », écrit Yvan Audouard (dans *La connerie n'est plus ce qu'elle était*).

Bien évidemment, cette sagesse populaire dont parle Audouard n'a pas la cote dans les cénacles du pouvoir. La raison en est simple : c'est elle qui a toujours servi d'antidote aux poisons de l'esprit secrétés en haut lieu, au sein d'un redoutable et tentaculaire conglomérat.

Au cœur du complexe intello-universitaire.

3

La faillite de la pensée

Les États-Unis n'ont certes aucun besoin qu'on vole à leur secours.

Aussi, se livrer à un exercice qui sera forcément taxé de propagande pro-américaine, pro-capitaliste, pro-impérialiste, peut-être même, avec un peu de chance, de harangue populiste, serait une sorte d'auto-torture dérisoire et inutile si l'examen de l'antiaméricanisme viscéral sévissant au sein du complexe intello-universitaire ne permettait de mettre le doigt sur un problème qui nous mène bien loin de la Maison-Blanche.

Et qui est celui-ci : les pouvoirs détenus et exercés par la caste des idées sont parfois les plus irrationnels, les plus antisociaux, les plus passéistes, les plus conformistes et les plus réactionnaires de tous ceux qui agissent sur nous. Dans la haine universelle des États-Unis, « on discerne vaguement un refus pathétique du changement camouflé sous les couleurs de divers progressismes idéologiques », écrit Georges Suffert qui, en 1984, constatait chez lui, en France, l'impérieuse nécessité de livrer un *Essai sur l'antiaméricanisme primaire*.

Et « il n'est pas très bien vu d'en rire », ajoutait-il.

Si l'humanité peut à la rigueur se payer le luxe de voir les plombiers s'accaparer le droit absolu d'assembler les tuyaux, elle ne peut en aucune façon se permettre celui de confier de façon exclusive le maniement des idées à une corporation qui n'aurait pas fait la preuve qu'elle a su, sait et saura en faire un usage conforme aux règles de l'art.

Or, quelles attestations, quel bilan et quel projet le complexe intello-universitaire occidental est-il en mesure de déposer sur la table de l'Histoire ?

Les idéologues n'ont cessé depuis plus d'un siècle d'anticiper la faillite du capitalisme et celle de cette variété de démocratie qui n'est pas la dictature du prolétariat. Les ténors occidentaux des mouvances réactionnaires d'extrême-gauche et d'extrême-droite annoncent depuis longtemps le déclin de la société de l'abondance et celui de cette forme d'État qui ne s'accapare pas de la totalité des pouvoirs. La bourgeoisie des idées prédit inlassablement depuis des lunes le naufrage du libéralisme et celui de cette sorte d'environnement culturel fait d'autre chose que d'art bourgeois imposé et de propagande financée par l'État.

Ces événements tant attendus ne s'étant pas produits, la chute — au moins théorique — des grands totalitarismes modernes, en 1945 puis surtout en 1989, aurait pu laisser croire que les intellectuels s'ébaudissant dans les pays où règne à peu près la démocratie sauraient s'arracher à leur conservatisme pour développer une pensée originale, progressiste, raisonnablement optimiste, tournée vers l'avenir.

Eh bien, non.

Au contraire, jamais les diagnostics sans relâche posés sur l'état de santé de notre civilisation n'ont été aussi sombres, comme si l'aristocratie de la pensée était incapable d'accepter la faillite des idéologies sans que n'intervienne en contrepoint, à part au moins égale, celle de l'Occident. Sans que l'humanité tout entière ne s'écroule en même temps que les pires de ses inventions politico-socio-culturelles. Jamais les porte-parole de la bourgeoisie des idées n'ont été à ce point obnubilés par le passé, coincés dans des grilles d'analyse insignifiantes (dans le sens de *sans signification*), démunis de vision au point où leur problème n'appelle plus les solutions proposées par l'optométrie mais celles qu'apporte l'élevage canin.

Le temps va finir, d'une certaine façon, par leur donner raison à tous.

L'Amérique, et l'Occident avec elle, vont devoir vivre avec les conséquences d'un échec majeur, réel, avéré, renouvelé et constatable décennie après décennie : il s'agit de la faillite de leur pensée.

« Le discours est quelque part mais la vie est ailleurs », remarque Josée Boileau (dans *Le Devoir,* 16 juillet 1993). La journaliste est encore bien au-dessous de la vérité lorsqu'elle ajoute : « La pensée ne suit plus l'économie, plus la politique, plus la science, plus la société. [...] C'est peut-être là la vraie crise — l'institutionnelle, la politique, celle des idées — dont on se plaît tant aujourd'hui à parler. »

La dernière scie inventée par l'aristocratie de la pensée consiste à répéter *ad nauseam* que, « à notre époque, il n'y a plus d'idées » ! Mais dites-moi : qui donc, dans la société, est payé — en général grassement — pour en avoir ?...

Entendre après tout cela les intellectuels s'indigner de l'« anti-intellectualisme ambiant » est absolument déroutant à la fois de naïveté et de cynisme, de candeur et de mauvaise foi. En outre, cette attitude dénote chez eux une inquiétante propension à sombrer dans un apitoiement pleurnichard et un peu puéril que, fort heureusement, quelques gâteries supplémentaires judicieusement distribuées suffisent la plupart du temps à apaiser.

La tentation totalitaire

Plus grave encore, le complexe intello-universitaire occidental présente comme caractéristique principale de s'être historiquement montré incapable de résister à la *tentation totalitaire* — l'expression coiffe le magistral ouvrage de Jean-François Revel. Incapable d'accoucher de systèmes d'interprétation du monde et de rénovation de la société qui ne soient pas absolutistes et où son rôle à lui ne serait pas messianique (bien qu'il se soit partout et toujours trouvé au sein de cet empire quelques marginaux, souvent dramatiquement isolés, parfois heureusement un peu plus nombreux, pour refuser d'adhérer aux idéologies dominantes ; il faut rendre un vibrant hommage à ceux-là).

À partir du XVIIIᵉ siècle, démontre le Britannique Paul Johnson dans *Le Grand Mensonge des intellectuels,* alors que faiblit en Occident le pouvoir des dictateurs religieux, apparaissent les intellectuels laïcs. Ceux-ci se disent « capables de diagnostiquer les maux de la société, de les guérir à l'aide de leur propre intelligence et, mieux encore, d'améliorer le comportement des êtres humains. Contrairement à leurs prédécesseurs, ils n'étaient plus les serviteurs et les interprètes des dieux, mais leurs substituts ».

Johnson déshabille quelques-uns de ces personnages divins, de Jean-Jacques Rousseau à Norman Mailer en passant bien sûr par Karl Marx, Jean-Paul Sartre, Bertrand Russell et autres Bertolt Brecht.

Et il conclut : « Tous les schémas de conditionnement social appliqués par des gouvernements totalitaires furent à l'origine l'œuvre d'intellectuels », jusques et y compris, note l'auteur, le régime d'apartheid implanté en Afrique du Sud.

Tous les pouvoirs s'exerçant dans les sociétés occidentales sont contrebalancés par la possibilité de les critiquer, de les dénoncer et de les défaire. Casser les politiques est devenu un jeu de société. Déshabiller les financiers, un passe-temps national. L'appareil de la sécurité et de la justice est à ce point méprisé qu'il ne suscite plus que sarcasmes. Les médias ont pris l'habitude de s'entre-déchirer d'eux-mêmes.

Seul le pouvoir détenu par le complexe intello-universitaire ne supporte absolument pas d'être remis en question — supplice qui, au demeurant, ne lui est à peu près jamais infligé.

Ce n'est guère un hasard si, au Québec comme en France, *Le Grand Mensonge des intellectuels* a été accueilli au début de 1993 par un silence pesant troublé seulement par quelques murmures gênés. Pas un hasard non plus si, après avoir brisé dans *Le Traître et le Juif* la chape de silence tombée sur les anciennes assiduités fascistes de nos élites intellectuelles, Esther Delisle fut ostracisée par médias et fut même victime, en juin 1993, d'une forme mineure de terrorisme lors d'une séance de signature en librairie.

D'autre part, tous les pouvoirs sont légitimés par une forme ou une autre d'appui populaire. Les politiques sont élus. Les financiers durent tant que la majorité y trouve aussi son compte. La police et le système judiciaire apparaissent, au pire, comme un mal nécessaire. Les médias sont lus, ou écoutés, ou regardés, et dépendent de cela pour leur survie.

Seule la bourgeoisie intellectuelle s'efforce de — et parvient à — maintenir une bonne distance entre elle et le reste de la société.

Qu'un discours antiaméricain dans sa variété la plus primitive circule encore aujourd'hui dans les cercles réactionnaires du pouvoir de l'esprit, alors même que les peuples — tous les peuples — qui n'ont pas été empêchés par la force de le faire ont adhéré à la forme de civilisation développée par l'Amérique, confirme l'intérêt qu'il y a à se pencher sur cette étrange situation d'apartheid.

De fait, la caste des idées n'a aucun besoin d'appui populaire. Son existence et sa prospérité reposent uniquement sur la capacité de payer des citoyens et non sur leur adhésion morale et/ou intellectuelle. Entièrement dépendant des forces de l'argent, le complexe intello-universitaire l'est de l'argent *public.* C'est-à-dire celui que contrôle une source unique : l'État. Ce qui place derechef toute la chaîne de montage des idées à l'abri de telles détestables contingences que la dure et insaisissable réalité ou les vils et médiocres besoins de la majorité.

Il est facile de tracer la carte de cet empire depuis ses quartiers généraux jusqu'à ses postes avancés en territoire peu sûr.

Les routes principales sillonnant ce royaume partent des universités, plus précisément des départements de philosophie, de sciences politique et sociale, de communication, tous domaines où, contrairement à celui des sciences exactes, il est possible à qui le souhaite de faire fi du réel de façon totale et absolue. C'est en ces lieux, ainsi que dans diverses officines connexes, qu'est usinée toute une gamme de publications — livres, périodiques, produits audiovisuels — dont les coûts de fabrication sont assumés par l'ensemble de la société mais qui n'en est pas moins destinée à circuler en circuit fermé.

Sur la place publique, le pouvoir trouve une fenêtre sous le logo du quotidien *Le Devoir*, qui est l'organe quasi-officiel du complexe intello-universitaire.

La page *Idées* du quotidien est, à condition de posséder la détermination, la patience et l'abnégation nécessaires pour se la taper jour après jour, un baromètre infaillible de l'humeur de la classe dominante (certains créneaux peu fréquentés des radios et télévisions d'État remplissent la même fonction météorologique). Aux trois-quarts meublée d'une prose scandaleusement passéiste et réactionnaire, c'est une vitrine où sont étalées d'absurdes cogitations qui, pour la plupart, n'ont qu'un seul but : s'en prendre à tout ce qui, compose l'environnement socioculturel de notre petit morceau d'Occident.

Je me souviens y avoir lu une interminable tartine sur la nature profonde, bien entendu mauvaise, de la... cravate — je jure que je ne blague pas.

Et encore ceci, touchant un domaine qui ne constitue certainement pas, à l'heure actuelle, à l'échelle de la planète et au regard de l'éternité, un troublant motif d'inquiétude. Le hockey professionnel, croyiez-vous, est (essentiellement et bien que cela ne fasse pas le tour complet de la question) un sport exténuant à pratiquer mais divertissant à regarder. Eh bien non. En réalité, le hockey :

> ... recèle les principes de base du libéralisme économique, [...] est au plus haut point indicatif des valeurs véhiculées chez nous par l'américanisme (et) appartient, dans son rapport au symbolique, au phénomène cathartique de la mimésis, c'est-à-dire de l'identification de l'amateur à des valeurs de société (:) l'action, la rapidité, mais aussi l'éphémère et la violence sont au rendez-vous.

> Pierre Desjardins, professeur de philosophie au Collège Montmorency, *Le Devoir,* 27 janvier 1993.

Quelques arbres ont été abattus pour

que le bon peuple puisse prendre connaissance de cette profonde réflexion. Ce qui sert au moins à prouver que la cause de l'environnement a encore besoin d'être vigoureusement plaidée.

Enfin, notons que la caste des idées réussit régulièrement à imposer sa présence sur un territoire extrêmement dangereux pour elle, celui du grand public, par le biais des pages et des ondes des médias de masse.

L'hydre à cinq têtes

Tout cela, qui est déjà inquiétant, devient carrément dramatique pour peu que l'on fractionne le message que cet empire véhicule de façon à en arriver à sa particule constitutive première et indivisible.

Que trouve-t-on alors ?

La haine.

Dernière pièce ajoutée à la mécanique assemblée au fil des siècles par les corporations idéologiques, la haine des États-Unis sert de cinquième roue à un tombereau de hargne et de mépris que l'aristocratie de la pensée, religieuse ou laïque, a historiquement fait rouler sur le plaisir, la modernité, la démocratie et le peuple — le vrai, celui fait de chair et de sang, pas celui que l'on trouve dans les manifestes.

Cette quintuple haine s'exprime à l'occasion pour ce qu'elle est, sans fard, sans déguisement, dans de déchirants cris du

cœur faisant appel à toutes les combi-
naisons que cette foison d'ingrédients
permet de concocter :

> Les États-Unis ne sont pas une démo-
> cratie. Tout comme le Canada et les
> autres pays du globe qui se disent démo-
> cratiques. [...] Les élections constituent
> un des éléments principaux de la mys-
> tification démocratique. On fait croire à
> la population qu'elle détient le pouvoir
> par le processus électoral. C'est un
> mensonge. [...] Finalement vous ne vote-
> rez plus, car vous serez mort. Mort en
> silence comme vous avez vécu...
>
> Francis Dupuis-Déri, écrivain,
> *Voir*, 11 février 1993.

... Tirade représentant l'archétype de
l'assemblage le plus courant auquel on
arrive en boulonnant l'un à l'autre la haine
de l'Amérique, le refus de la démocratie et
le mépris du peuple, cet horrible grouille-
ment de pauvres hères moribonds, floués,
finis.

Ou ceci, qui s'inspire à la fois de
Marcuse (que nous avons vu) et de Debord
(que nous verrons), purs esprits invoqués
dans le but d'insérer dans un grand tout
cosmique le bruyant *party* de rue qui suivit
le retour à Montréal de la coupe Stanley —
décidément, le hockey... Un événement
non pas assez banal, somme toute, comme
le commun des mortels serait porté à le
croire. Mais plutôt révélateur des pulsions
jouissives déclenchées au sein du peuple
par la société démocratique moderne :

Le 9 juin 1993. Par dizaines de milliers, les spectateurs de la société du spectacle font la fête. [...] Une véritable équipée sauvage qui rappelle au passage la force obscure de la modernité urbaine : l'omniprésence de la violence du calme. Une violence insidieuse, généralisée et banalisée qui se charge des couleurs de la puissance de l'argent et du pouvoir.

> Carol Levasseur et Éric Boulé, du
> Département de science politique de
> l'université Laval,
> *Le Devoir*, 19 juillet 1993.

Toujours au sujet de cette diabolique troïka peuple-plaisir-Amérique :

Peut-être (..) que notre quotient intellectuel collectif est tout simplement en chute libre. [...] L'Amérique va continuer de s'abrutir en riant de la Famille Adams ou des Coneheads. Comme si elle avait absolument besoin de retomber en enfance pour oublier ses problèmes...

> Georges Privet,
> *Voir*, 29 juillet 1993.

Ou cela encore, magnifique pièce montée sur le socle d'une haine unique mais majestueuse, celle de la modernité :

Fernande Saint Martin n'a pas la langue dans sa poche quand il est question du Québec [...] : « Le contexte idéologique et culturel actuel ne mérite même pas d'être commenté. C'est le trou noir, le néant. Il n'y a plus d'idées (bien sûr, *note de l'auteur*), plus rien et il n'y a donc plus rien à dire. » [...] Pour ouvrir à nouveau

l'horizon des artistes, la professeure sug-
gère de se tourner vers les leçons du
passé...

> *Le Devoir*, 7 septembre 1993,
> citant Fernande Saint-Martin.

Et enfin, pour aller à l'essentiel :

La tyrannie du monde ordinaire, c'est le
triomphe de la majorité molle, la per-
version médiatique et ultime avatar de la
démocratie. [...] Qu'on ne vienne pas
m'achaler avec le vrai monde.

> Louis Hamelin, écrivain,
> *Voir*, 1er avril 1993.

Il ne s'agit pas là des éructations de
quelque paumé asocial et vengeur jetant
des graffitis sur une façade aveugle du
centre-ville, mais bien de la prose réfléchie
d'un jeune écrivain vite établi et reconnu,
dont les œuvres sont très haut cotées par
la chapelle littéraire d'ici. D'ailleurs,
Hamelin n'invente rien et ne fait que se
conformer à la grille idéologique de
rigueur au sein du complexe intello-
universitaire, dont un des maîtres à penser
est sans conteste Jean Larose :

Les pressions du conformisme sont
devenues si puissantes, l'ignorance qu'il
faut vaincre si épaisse, les préjugés si
lourds que la tâche du professeur res-
semble de plus en plus à celle de l'intellectuel, qui a le devoir de se dresser
contre la majorité, ce que nous, intellectuels québécois, nous avons encore
tant de mal ou tant de gêne ou tant de
honte à faire : nous dresser seuls non

contre un pouvoir abusif ou une élite corrompue, mais contre le monde ordinaire, ou du moins ce que l'on se représente comme le monde ordinaire, et [...] nous mettre au ban de notre sympathique tribu québécoise, en osant dire : vous vous trompez tous.

L'Amour du pauvre.

Tout est là, l'ignorance et les préjugés de la majorité, la tribu, le devoir imparti à l'intellectuel de réformer le monde...

De quelque façon qu'on s'y prenne, il s'agit toujours, au fond, de la haine de l'homme.

Aujourd'hui comme hier, il est bon de le rappeler, les idéologies d'essence totalitaire se sont distinguées et se distinguent précisément par la nécessité qu'elles instaurent de réformer l'espèce pour en arriver à « l'Homme nouveau », sorte de demi-dieu qui planerait au-dessus des contingences inhérentes à l'état d'*homo sapiens* puisqu'on l'aurait expurgé du péché originel, source de tous les maux.

Cela passe inévitablement par l'extinction de la liberté, dont le symbole — à tort ou à raison, cela est un autre débat — est l'Amérique.

L'Amérique totalitaire et fasciste

Indépendamment de l'existence ou de l'absence de faits susceptibles de donner un fondement à une telle démarche, c'est en effet toujours l'Amérique que l'on accable lorsqu'il apparaît nécessaire d'introduire une nouvelle variation sur le thème millénaire de la déchéance de la société et de la stupidité de l'homme, scrupuleusement notées à chaque siècle dans les carnets de l'Histoire.

D'hier :

La preuve du pire, c'est la foule.

> Sénèque (2-68 ap. J.-C.),
> *De la vie heureuse.*

À aujourd'hui :

J'ai reconnu la voix de l'opinion publique américaine. La plus totalitaire du monde.

> Pierre Foglia,
> *La Presse*, 8 avril 1993.

Cette courte déclamation cathartique est intéressante à deux points de vue.

D'abord parce qu'elle émane d'un scribe unanimement reconnu comme l'un des meilleurs journalistes au Québec. À cause de sa plume absolument unique, bien sûr, mais aussi en raison de la victorieuse résistance qu'il a toujours offerte aux idées toutes faites, aux modes intellectuelles, aux catéchismes bourgeois. Que seule l'évocation de l'Amérique le fasse rentrer sagement dans le rang est lourd de signification.

Cette phrase vaut l'examen, ensuite, parce qu'elle indique mieux que tout que la haine des États-Unis ne s'attaque pas seulement aux institutions, aux politiciens, aux financiers et autres machinistes du complexe militaro-industriel, mais bien à l'Homo Americanus en tant que tel, déclaré porteur de tares congénitales propres à sa race. Le totalitarisme (terme employé par le journaliste au sens de *réactionnaire*, je suppose, car sa signification première est ici inapplicable) est en quelque sorte une constituante essentielle de la variété américaine de la chaîne de l'ADN.

Même propos ici :

L'un des plus graves dangers qui menace les États-Unis en cette fin de siècle est celui du fascisme.

Jooneed Khan,
La Presse, 8 août 1992.

Depuis un demi-siècle, on a lu mille fois sous la signature d'une brigade de perspicaces observateurs que le fascisme menaçait les États-Unis.

Cette belle vigilance sélective est d'autant plus méritoire qu'elle n'a jamais été récompensée.

Toutes les formes de totalitarisme, y compris bien sûr sa version fasciste, ont été inventées en Europe. Puis, pendant soixante-quinze ans, appliquées sur ce continent (parfois dans une sanglante rivalité entre les unes et les autres !) avec toute la rigueur meurtrière dont les Européens se sont révélés capables. Exportées, enfin, dans toutes les parties du globe. « L'Afrique a été brisée par l'Europe, puis — fort mal — recollée ; en Asie, la grande Chine est gouvernée sous l'enseigne d'un philosophe allemand et d'un activiste russe ; [...] et Pol Pot n'est, après tout, qu'un instituteur marxiste francophone... », constate le journaliste libanais Amin Maalouf (dans *La Presse*, 31 juillet 1993).

Les États-Unis sont l'un des rares pays où le fascisme n'ait à aucun moment triomphé. Le maccarthysme, direz-vous ? Après avoir provoqué quelques dégâts sommaires — et bien avant d'avoir eu le temps de construire des chambres à gaz ou de garnir des charniers — le sénateur Joseph McCarthy a été sévèrement condamné par les institutions américaines et est mort dans la disgrâce, caché au fond du Maryland, en 1957.

En août 1992, alors que des esprits éclairés le voyaient poindre sur la rive ouest de l'Atlantique, le fascisme réapparaissait dans sa version la moins subtile en... Europe, l'Amérique se préparant pour sa part à élire le démocrate Bill Clinton.

De plus, au moment précis où Pierre Foglia se penchait sur le totalitarisme de l'opinion publique américaine, un périodique se servait de l'argument exactement contraire pour... accabler lui aussi les États-Unis.

« Le public américain est-il si conservateur que cela ? » s'interrogeait en effet Michel Lafitte (dans *La Gauche/Journal pour l'indépendance, le féminisme et le socialisme*, mars 1993).

Citant des chiffres du *Public Opinion Quarterly*, la feuille rapportait que 87 pour

100 des citoyens américains s'opposent aux coupures dans les mesures d'aide sociale ; que 59 pour 100 d'entre eux favorisent par contre une réduction des dépenses militaires ; que 71 pour 100 approuvent de plus grandes dépenses publiques en matière d'environnement ; que la majorité est en faveur du libre choix en matière d'avortement.

Bon point pour les Yankees ?

Bien sûr que non.

Cela sert à démontrer qu'avec Bill Clinton à la présidence, les États-Unis seront à nouveau dirigés par un homme moins progressiste que ses commettants — puisque *La Gauche* se fait fort de prouver que celui-ci n'est somme toute qu'un sale réactionnaire infiltré dans le Parti démocrate. D'où la nécessité de détester *a priori* le nouveau locataire de la Maison-Blanche, ce qui autorise une haine *préventive*, décrète le périodique, de l'Amérique :

> Toute la stratégie de l'administration Clinton vise à calquer un visage progressiste sur une politique étrangère et interne de continuité avec celle de Reagan et de Bush. Pour ce faire, Clinton espère pouvoir compter sur la complaisance des médias et autres *faiseurs d'opinion publique.*

Cela est en outre bien mal connaître les faiseurs d'opinion publique, comme nous venons de le voir.

Et le verrons encore.

4

Ras-le-bol

L'antiaméricanisme bourgeois possède une dernière caractéristique : il est exaspérant.

Je n'en peux plus d'entendre ces gens prêts à toutes les bassesses pour s'envoler le plus souvent possible vers la Floride dans un Boeing de l'American Airlines. Prêts à fourrer le *boss*, ou l'employé, ou le client, autant qu'ils le peuvent pour acquérir le dernier modèle de lave-vaisselle General Electric. Prêts à flatter, à ramper, à lécher, à mentir à leur mère, à voler leur père, pour gonfler le portefeuille de leurs actions dans Exxon, ou dans American Telephone & Telegraph, ou dans Union Carbide...

... Je n'en peux plus d'entendre ces gens-là dénoncer la « civilisation du dieu-dollar dominée par les dictats des multinationales ».

Je ne suis plus capable d'entendre ces gens dont la pensée s'est enroulée il y a vingt-cinq ans autour des parchemins marxistes mais qui ont été suffisamment brillants pour se recycler avant que cet édifice de violence ne s'écroule tout à fait. La faillite des idéologies, note Yvan Audouard, « a redonné le moral aux virtuoses du reniement, et à tous ceux qui prétendent donner des leçons au nom de leurs erreurs de jugement, au lieu de nous présenter leurs excuses ». Car ceux-là n'ont pas perdu les instincts guerriers qui leur permettent dorénavant de défendre les pouvoirs acquis de haute lutte et qu'ils conservent en assassinant (au figuré, bien sûr, mais s'il n'y avait pas la police !) tout ce qui bouge autour d'eux, surtout les jeunes, vraiment coincés, eux, par le système, et qui ne trouvent personne pour les défendre...

... Qui, pensez-vous, dénonce le « complexe militaro-industriel yankee », l'« impérialisme américain aux grands sabots » et le « cinéma hollywoodien célébrant le culte de la violence » ?

Non, mais !

Je n'en peux plus d'entendre ces gens qui ont une assurance-vie, une assurance-responsabilité, une assurance-incendie, une assurance-vol, une assurance-hypothèque, une assurance-automobile, une assurance-maladie, une assurance-médicaments, une assurance-chômage, une assurance-salaire. Ces gens auxquels leur humeur aventureuse donnera, dans un grand moment d'intrépidité, le courage — ô exploration téméraire ! ô mépris du danger ! — d'abandonner leur mousse coiffante habituelle pour faire l'essai d'une nouvelle (la Johnson's à fragrance de fraise). Ces gens, bref, à qui la prospérité nord-américaine a légué une sécurité plus grande que s'ils se trouvaient déjà dans leur cercueil...

... Je n'en peux plus d'entendre ces gens-là dénoncer les « aventuriers du capital », les « chevaliers de la libre entreprise » ou *a contrario*, l'« aliénation de la classe moyenne récupérée par la société de consommation ».

Je n'en peux plus d'entendre ces gens dont le discours habituel n'est qu'un enchaînement sans fin de clichés stupides et prévisibles. Ces gens dont toute la pensée personnelle tiendrait à l'aise sur un timbre-poste et qui, pour combler le vide, ont enregistré comme des machines toutes les plates péroraisons pontifiantes entendues dans les salons d'Outremont. Des phrases fumeuses qu'ils recrachent, mal digérées, lorsqu'il leur faut faire l'impossible preuve qu'ils sont équipés d'un cerveau afin d'être admis encore une fois chez les bien-pensants où ils pourront regarnir leur besace d'une nouvelle provision de prêt-à-manger intellectuel (faire chauffer au micro-ondes Westinghouse avant de servir)...

... Je n'en peux plus d'entendre ces

gens-là cracher d'un air satisfait sur l'« ignorance » et la « stupidité » des Américains.

Je n'en peux plus d'entendre parler de la société américaine « raciste, fasciste et puritaine »...

... particulièrement lorsque cela vient de gens qui vont se cacher en banlieue (lorsqu'ils délaissent Outremont pour cause de Juifs) afin de ne pas voir, devant chez eux lorsqu'ils taillent leur haie, au bout de leur *driveway* lorsqu'ils astiquent leur bagnole, au centre commercial lorsqu'ils vont consommer, pour ne pas voir, dis-je, de Noirs — qui leur font peur —, d'Asiatiques — qui les mystifient —, de Sud-Américains — qui leur tombent sur les nerfs. Lorsque cela vient de gens qui applaudissent à la mise sur pied de polices du tabac, de polices de la langue, de polices du cul, de polices de l'éthique ; qui réclament l'instauration de règlements anti-ceci et de règlements anti-cela ; qui se réjouissent à la formation de brigades vertes à la façon Greenpeace et de brigades roses à la sauce UQAM, forces de choc fascistes dont la légitimité philosophique trouve sa source, au choix, dans les catéchismes ultramontains des tyrans cathos du début du siècle ou dans les livres rouges terroristes des peigne-culs moralisateurs des années soixante et soixante-dix.

Surtout, surtout...

Surtout, je n'en peux plus d'entendre

ces gens qui grappillent des restes de culture pas fraîche au fond d'un pot de confiture (meilleure avant juin 1967) pour ensuite l'étendre interminablement — on connaît le dicton — sur le pain rassis de leur parfaite insensibilité au plaisir de l'art. L'art, le vrai, qui est une affaire bestiale, en somme, qui est un violent orgasme du cœur, une jouissance perverse de l'intellect, une explosion des plus brutaux fantasmes privés et sociaux.

L'art, le vrai, qui est d'abord *communication* ou qui n'est rien du tout.

Tout cela est étranger à ces gens qui se conduisent comme si la culture était une chose assise, couchée, plate, bénie, lénifiante, morte, momifiée, embaumée ; un jardin de monuments sépulcraux que l'on exhibe certains soirs dans les lieux idoines entre gens de bonne compagnie, entre initiés, entre *sachants* (le mot coiffe l'ouvrage de Pierre-Robert Leclercq), ces précieux instruits du fait, écrit celui-ci, que « le Savoir c'est le Pouvoir, [...] chacun en veut une parcelle et s'en confère d'une façon ou de l'autre en arguant d'une connaissance particulière de préférence non partagée » ; ces ridicules « qui n'utilisent la culture que pour se classer ou déclasser autrui », ajoute Michel Schneider...

... Je n'en peux plus d'entendre ces gens pour qui la culture n'est qu'un levier de pouvoir, un faire-valoir social et une arme d'exclusion, cracher sur la culture américaine.

Car ce que nos arrière-petits-enfants retiendront de l'Amérique, c'est que, pendant un court laps de temps dans l'histoire de l'humanité, l'empire américain, bien plus que par sa puissance militaire, industrielle ou commerciale, aura brillé par sa soif de savoir, par sa capacité d'invention, par son pouvoir créateur.

En somme, par la puissance de sa culture.

5

La vieille France palmipède

Durant la décennie quatre-vingt, le disque américain le plus vendu a été *Thriller*, de Michael Jackson, produit par le jazzman Quincy Jones ; 21 millions d'exemplaires de *Thriller* ont été écoulés aux États-Unis et 27 autres millions dans le monde (dont sept cent mille au Québec), sans compter un nombre impossible à déterminer de copies pirates distribuées surtout en Asie et dans les pays de l'Est. Depuis le début des années quatre-vingt-dix, le plus fort engouement populaire pour un disque de langue anglaise s'est manifesté envers *Unplugged*, du vétéran guitariste britannique Eric Clapton, enregistré dans les studios de la chaîne américaine MTV.

Dans la décennie quatre-vingt, le disque français le plus populaire a été *La Danse des canards,* qui s'est vendu, tous supports confondus, à 3,9 millions d'exemplaires. Depuis le début des années quatre-vingt-dix, la plus importante ruée chez les disquaires français s'est manifestée à la sortie de *Dur, dur d'être un bébé* du petit Jordy, quatre ans, fils d'un producteur et ingénieur du son.

* * *

Le discours bourgeois dominant, en ce qui concerne la culture américaine, consiste essentiellement en la répétition incantatoire d'un nombre limité d'assertions invérifiées parce qu'invérifiables, de démonstrations non soutenues et de jugements gratuits.

D'abord, la culture américaine est principalement une affaire d'argent, de marketing, de publicité, de dumping systématique et de recettes artistiques banales mais éprouvées, vides de sens et même moralement destructrices puisqu'elles font la promotion des « valeurs du système » identifiées comme étant le sexe (et à la fois le puritanisme), la violence (et l'eau de rose), la compétitivité (et la passivité).

Tout le mal et tout son contraire, en somme.

Ensuite, conforté dans sa xénophobie et son ignorance par les multinationales américaines de la culture qui, en quelque sorte, décident à sa place, l'Américain ne consomme que des produits américains et est entièrement fermé aux autres. En même temps, il applaudit au pillage systématique des œuvres étrangères que pratiquent les créateurs américains. Et il assiste, satisfait, à la perverse mondialisation de la culture déclenchée par les divisions de choc du complexe militaro-industriel américain.

Cette dernière assertion est poussée jusqu'à la caricature dans un très sérieux bouquin publié en France en 1968, *L'Empire américain.* Offert en traduction trois ans plus tard sous le titre de *America's Empire,* l'ouvrage fut bien évidemment un best-seller aux États-Unis — c'est un trait de civilisation chez les Américains que de trouver une jouissance un peu perverse à entendre dire du mal d'eux-mêmes.

Dans un court chapitre intitulé comme de juste *The Cultural Empire,* l'auteur, Claude Julien, du quotidien *Le Monde,* ramasse la totalité de la présence culturelle américaine sur la planète en un exemple : l'exportation de livres « de propagande » par la United States Information Service (USIS) et la Central Intelligence Agency (CIA)...

... sous la protection du formidable appareil militaire américain.

Voilà la nature profonde, la substantifique moelle, l'essence même de la culture américaine !

Le ton est donné.

Dans le quart de siècle qui va suivre,

l'analyse du rayonnement culturel américain ne s'écartera jamais beaucoup des
prémisses jetées par Julien.

Clairement ou à mi-mot, l'évocation
par la bourgeoisie de la présence culturelle
des États-Unis dans le monde sera la plupart du temps assortie d'images para-
militaires. On parlera de l'« invasion » et
du « déferlement », sous « matraquage »
publicitaire, des « blockbusters yankees »,
le portrait d'ensemble qu'il s'agit de
donner étant celui d'une sorte d'occupation belliqueuse de territoires étrangers
subie dans l'accablement et la servitude
par les populations locales.

Pour aller au plus trivial des com-
portements culturels, celui de la bouffe,
c'est, comme chacun sait, à la pointe du
fusil-mitrailleur que les *Marines* ont forcé
les Français à faire de McDonald, après
quatorze ans seulement d'implantation
hexagonale, le premier restaurateur du
pays, avec des ventes de 745 millions de
dollars en 1992 — loin devant la deuxième
chaîne en importance, Accor/Wagon Lits :
645 millions dollars...

Le conformisme du discours est, en
cette matière, sidéral.

Jean-Luc Gouin, du département de
philosophie de l'université Laval et
membre de l'Union des écrivains, réussit
le tour de force de rassembler tous les
clichés en quelques lignes :

> Nos propres appareils de diffusion se
> mettent littéralement au service d'une

culture déjà hyper-puissante, envahissante et hélas, il faut bien le dire, le plus souvent d'une insignifiance sans nom. [...] Le dollar et sa langue impériale ont damé le pion au véritable talent.

Le Devoir, 19 novembre 1992.

En France, on a parlé d'un « Tchernobyl culturel » lorsque Euro Disneyland a ouvert ses portes à Marne-la-Vallée, le 12 avril 1992. L'expression se proposait d'associer le débarquement de Mickey Mouse à d'étouffantes images de mort par pourrissement intérieur sous l'action d'une technologie perverse. Comme si l'existence de la culture européenne en général, et française en particulier, pouvait être menacée par une souris ! Si c'est bien ce que l'on craint, la situation culturelle outre-Atlantique est dans un état de déconfiture avancée. « Un de ces jours, ironise à ce propos Louis-Bernard Robitaille (dans *La Presse*, 31 janvier 1993), la langue française passera pour un idiome folklorique utilisé à la maison pour converser avec de vieux parents attardés... »

Cela n'a pas frappé Julien, sans doute, mais avec son édifiant chapitre sur *The Cultural Empire*, il marchait dans un sentier consciencieusement rebattu par ceux qui imputent sans relâche à l'Occident des travers qui, soit ne s'y trouvent pas, soit y sont présents sous des formes mineures, ces tares étant par contre des caractéristiques essentielles d'autres civilisations contemporaines — un phénomène maintes fois décrit mais qui n'en demeure pas moins fascinant.

Parlant de rayonnement culturel, ne s'agit-il pas d'un trait constitutif de l'empire communiste de n'avoir exporté *que* de la propagande ? Forcément, puisqu'il s'est révélé incapable de quelque création artistique ou littéraire ne relevant pas, ou bien de l'affligeant « réalisme » soviétique ou chinois (la *Grande Marche Victorieuse du Prolétariat* et autres *Ode à la Moissonneuse-batteuse*) ; ou bien de dangereuses initiatives d'héroïques dissidents — des vrais, ceux-là, on ne parle pas de « dissidents » à l'occidentale, millionnaires et couverts de gloire — prestement exécutés, expulsés ou envoyés au goulag.

En cinq ans seulement, de 1966 à 1971, 800 millions d'exemplaires du *Petit Livre rouge* de Mao Tsé-Toung ont été vendus ou le plus souvent distribués gratuitement (c'est-à-dire fourgués de gré ou de force) non seulement en Chine mais aussi en Afrique, en Asie du Sud-Est et en Amérique latine, pour la plus grande joie des prolétaires désormais instruits de tant de choses dont ils ne se doutaient point :

> Il n'est pas difficile à un homme de faire quelques bonnes actions ; ce qui est difficile, c'est d'agir bien toute sa vie, sans jamais rien faire de mal.

Ou encore :

> En ce monde, les choses sont complexes et beaucoup de facteurs les déterminent.

Ou enfin, bref éclair de clairvoyance et de génie :

Tout homme doit mourir un jour.

Il est interdit de rire. Dans tout le champ occidental et pendant deux décennies, ces (cent) fleurs multicolores de la pensée politique, ces bouquets odorants de la réflexion philosophique, ont fait descendre dans la rue des grappes d'intellectuels et de sympathisants, leur traçant à l'occasion un sillon jusqu'aux paniers à salade, terminus de leur cheminement horticole.

Pour revenir à Julien et *en finir avec* lui, signalons qu'il oublie une petite constatation incidente qui, expédiée elle aussi en deux lignes, aurait excité ses facultés d'analyse s'il eût écarté pendant un instant ses œillères pour situer ce fait brut dans une perspective historique. Entre 1947 et 1968, rapporte-t-il, 97 bibliothèques et centres culturels américains à l'étranger ont été vandalisés ou incendiés...

Depuis Gutenberg, et en de nombreux points du globe, le parfum des livres brûlés a, à maintes reprises, servi à masquer l'odeur de la tyrannie politique, religieuse et intellectuelle ainsi que de l'ignorance planifiée et imposée.

* * *

C'est ainsi que dans le champ d'influence anglo-saxon — qui est planétaire, c'est un fait —, des millions d'êtres humains ont reconnu une parcelle de leur être, de leur vie et de leur environnement dans ce que fait Michael Jackson, donné comme symbole de l'insignifiance américaine.

Il est vrai que, n'eût été de l'action combinée de la CIA et du Pentagone, l'univers aurait plutôt craqué spontanément pour ce chef-d'œuvre du pays des Lumières et de la pensée, cette création éclairée de la métropole des idées et de la culture, j'ai nommé *La Danse des canards*.

Les hauts et les bas
d'un modèle culturel

Dieu sait que je n'ai rien contre la France.

Je cours plus volontiers à Paris qu'à New York, et je préfère de loin les plages de la Côte d'Azur à celles de la Floride. Longtemps j'ai cru être davantage Nord-Américain que Français — et il m'arrive, sous certains rapports, d'en être encore convaincu — mais j'ai dû un jour le réaliser : je suis en amour avec la France. Cela ne se contrôle pas. Et c'est un sentiment effectivement un peu aveugle.

J'aime tout d'elle. Sa terre, son eau, son air. Ses villes et ses bourgs, Paris et Tourettes-sur-Loup. Sa façon gracile de manier les idées, même et surtout lorsqu'elles sont futiles, voire dangereuses. Sa dextérité dans le langage, son aplomb dans le discours, son intelligence dans les exercices de rhétorique, même et surtout lorsque ce langage, ce discours et cette rhétorique sont purement décoratifs. Son panache (ah ! Cyrano...), son effronterie, même. Son bon peuple. Ses hommes un peu machos que la *political correctness* ambiante n'a toujours pas réussi à teindre tout à fait en rose et ses femmes qui sont belles plus encore que jolies, ceux et celles-là s'adonnant sans pudeur au jeu de la séduction, du désir exprimé et de l'amour en tant que composante essentielle de la vie.

J'aime tout de la France, je le jure, même lorsqu'elle me les casse joyeusement — cela arrive.

Néanmoins, parce qu'elle demeure largement notre modèle culturel de référence, parce que nous la connaissons relativement bien et la fréquentons assidûment — et certainement pas par acharnement contre elle —, j'évoquerai souvent ici ses faiblesses, ses divagations et ses échecs.

Dans le domaine des idées et dans certains secteurs culturels (dont, au premier chef, celui du livre), le Québec est encore largement une colonie de la France. Car celle-ci a été furieusement colonialiste et, de ce passé, il reste aujourd'hui un petit quelque chose dont elle n'arrive pas à se départir. « Ce que souhaitait De Gaulle en lançant son fameux *Vive le Québec libre,* ce n'était pas de libérer le Québec, c'était de l'annexer purement et simplement à la France ! », me disait Jean-François Revel, récemment, lors d'une rencontre à Paris.

Paradoxe éclairant pour nous qui sommes les plus gros importateurs de livres français (330 millions de francs français en 1991) après la Belgique et la Suisse, le déclin du rayonnement du livre gaulois dans le monde s'est amorcé en 1961 lorsque, en matière de droits d'auteur, la balance commerciale française a cessé d'être bénéficiaire ; en 1991, le déficit (édition et impression) atteignait 309 millions de francs français. En clair, cela signifie que la planète a mis un bémol à son intérêt pour les querelles de zinc de la rive gauche.

En dépit de quoi, coulée dans le moule hexagonal, notre industrie de la pensée demeure toujours pour l'essentiel une succursale de la métropole.

« On ne trouve pas de roman ou de film qui présente de façon problématique nos relations avec la France. [...] Pour certains, les USA représentent culturellement un système de valeurs que l'on peut examiner et juger de l'extérieur, et pour d'autres, parfois les mêmes, la France demeure la mère patrie culturelle dont on se sent exilés, comme si on faisait encore partie de sa culture », constate Gilles Thérien.

Dans les encycliques dont elle accouche sur la société, sur la culture et sur l'art, la caste québécoise des idées utilise toujours une grille d'analyse entièrement inspirée de l'héritage français, parfaitement inadéquate face aux bouleversements sociaux et culturels qui ont eu cours dans le monde pendant que l'*intelligentsia* parisienne remâchait sans discontinuer les courants idéologiques hérités du XIXe siècle.

Le moins que l'on puisse dire, en effet, c'est que la France a depuis cent ans passé un... mauvais quart d'heure ! La pensée se relève à peine de plusieurs décennies de compagnonnage totalitaire — fasciste puis, surtout, marxiste. La littérature et l'art sont en convalescence prolongée après une succession d'attaques aiguës d'élitisme et d'intellectualisme.

Plusieurs, évidemment, sont capables d'observer lucidement cette impasse.

Nommé président de la Commission des avances sur recettes (le pendant français de Téléfilm Canada), Bernard-Henri Lévy a, depuis le début de 1991, escaladé des montagnes de scénarios. Il dit : « Je savais, comme tout le monde, que notre cinéma n'allait pas bien. Mais je mesurais mal son immense misère — je parle de misère culturelle, évidemment. J'ai lu de belles choses depuis un an et demi. Mais l'essentiel est quand même d'une médiocrité sidérante. [...] Je suis très frappé par le retard du cinéma français sur l'époque, ses enjeux, sa sociologie et même son esthétique. » (Dans *Première,* août 1992.)

« Il se produit dans le livre le même phénomène dont est affecté le cinéma : c'est par franges entières que les lecteurs désertent le chemin du libraire. [...] L'explication est identique, même cause, même effet ; un virus commun provoque ces ravages d'absence : on fait de part et d'autre dans l'intellectualisme », écrit pour sa part M.-G. Faget (dans *La Farce littéraire*).

Même son de cloche du côté de l'auteur et éditeur Bernard de Fallois, qui me disait en mars 1989 qu'en France, « quand un auteur n'est pas transformable en doctrine, on s'en détourne et on le considère comme négligeable ».

« Le mal français, propre à l'audiovisuel, a frappé dès la naissance de la télévision », juge enfin Alain Minc (dans *Le Média choc*). « Quelle humiliation pour un pays qui se croit encore le phare de la culture et de l'influence intellectuelle d'être marginalisé dans le domaine des médias ! (Cependant) avec la télévision, maurassiens de droite et de gauche ont enfin retrouvé un exutoire à leur antiaméricanisme. »

Ainsi la France a-t-elle conduit sa pensée, sa littérature et ses arts au musée. Ce n'est pas une figure de style. « Actuellement, en France, il s'ouvre, dit-on, un musée par mois ! », note Michel Schneider.

C'est dans cette direction que nous nous précipitons aussi. Au Québec, au cours des vingt dernières années, le nombre de musées est passé de 125 à 475 ! Je ne crois pas qu'il nous soit possible d'aller beaucoup plus loin dans la vénération du passé sans sombrer dans le gâtisme.

Point capital, cette fixation francophile de nos *establishments* idéologiques les ont détournés de la véritable révolution culturelle qui a eu cours aux États-Unis à partir des années soixante. Il s'agit de cette sorte de prise de la Bastille qu'ont déclenchée en conjonction l'émergence de l'expression rock, la montée de la classe moyenne et les progrès de la technologie liée à la production, à la diffusion et à la consommation de la culture.

Décrivant cette révolution qu'il qualifie de « big bang » culturel, le journaliste et essayiste Alfredo G. A. Valladao écrit : « En l'absence de toute norme défendue par une *intelligentsia* traditionnelle ou par l'État, la vie intellectuelle et artistique américaine échappe davantage à la tentation de hiérarchiser ses productions. [...] Le premier critère reste donc la capacité d'une œuvre à trouver un auditoire lui garantissant sa survie. » (Dans *Le XXIe siècle sera américain.*)

La culture américaine a trouvé son auditoire : il est composé des... prolétaires de tous les pays.

6

La révolution culturelle

Une révolution, si l'on consulte le dictionnaire, est « un changement brusque et violent qui se produit quand un groupe se révolte contre les autorités en place et prend le pouvoir » (Larousse). Karl Marx a inventé, à défaut d'autre chose, le vocabulaire le plus approprié pour traiter de phénomènes révolutionnaires ; on me permettra de le piller, le temps d'un paragraphe.

La culture rock, surgie au sein des masses laborieuses de New York et de la Californie, a conduit celles-ci à lutter dans le but d'instaurer la dictature du prolétariat dans le domaine culturel. Les avant-gardes populaires se sont emparées d'une bonne partie des moyens de production et ont répandu la révolution partout dans le monde chez les peuples culturellement opprimés, en utilisant une technologie innovatrice et décentralisée et en faisant fi des attaques, des sarcasmes et des huées de la bourgeoisie contre-révolutionnaire. Cependant les forces de la réaction sont vives et jouissent de nombreuses et puissantes complicités de classe, dont l'appareil étatico-bureaucratique n'est pas la moindre. Elles menacent à chaque instant les acquis prolétariens. La révolution est toujours à recommencer...

On peut remettre *Le Capital* sur son étagère après avoir, par précaution, mis de côté quelques locutions pour un usage ultérieur.

Le rock, le peuple, la technologie

Sans vouloir abuser d'une autre dialectique, celle de Marshall McLuhan, il est juste de dire que l'analyse de la culture rock par la classe dominante s'est systématiquement égarée dans le redondant anathème jeté sur le *contenu* des diverses pratiques de cette culture, alors que le véritable phénomène subversif réside dans son *contenant*, c'est-à-dire dans son existence même.

Il est alors absolument hors d'ordre et parfaitement inutile de gémir, comme Jean Larose (encore lui) dans *L'Amour du pauvre,* que...

> ... l'agressivité joyeusement sauvage du rock n'a pas de potentiel libératoire [...]

et nous pouvons en dire autant des autres jeux du cirque de la culture de masse : les images et les fictions du cinéma ou de la télévision, avec lesquelles le rock a récemment fusionné, ne libèrent que de l'énergie et n'ont pas de potentiel formateur ou éducatif.

Non seulement hors d'ordre et inutile, en fait, mais aussi singulièrement à côté de la société et du peuple. Il est impossible aujourd'hui de comprendre le premier mot du grand livre de la vie (un *paperback* pas un Pléiade doré sur tranches) sans avoir énergiquement vibré avec les maîtres du rock. C'est facile, d'ailleurs, la plupart des gens y parviennent : il n'y a qu'à mettre de côté sa formation bourgeoise, son éducation conservatrice, et à laisser s'enfler, à la place de la tête, ce gros muscle que chacun a dans la poitrine.

Les praticiens de la culture rock ont déclenché un bouleversement qui la transcende largement : la prise en main par la majorité — de façon parfois violente, désordonnée, imprévisible — de la sphère culturelle depuis toujours contrôlée par la classe possédante du savoir.

Irving Kristol, un auteur américain qui se définit comme néo-conservateur, constate — pour bien sûr le déplorer — ce basculement du pouvoir. La musique, observe-t-il, a d'abord fait les frais de cette révolution, puis...

... dix ans après, ce fut au tour de l'industrie cinématographique de subir un choc semblable. [...] Aujourd'hui, c'est la jeunesse aisée, du moins celle qui se veut jeune dans son ethos faute de l'être par les années, qui est en train de remodeler la télévision. [...] Nous avons donc vécu une révolution culturelle qui, à un moment donné, a failli tourner à la révolution politique (et) nous voici parvenus à une anticulture nihiliste.

Dialogue, janvier 1993,
citant *The American Enterprise*.

Ce cheminement géographique, pour ainsi dire, de la révolution culturelle américaine, à partir des studios d'enregistrement sonore de New York jusqu'aux studios de télévision de Los Angeles, est bien celui de l'occupation progressive des lieux de production par de nouvelles générations de créateurs venus dans bien des cas de milieux étrangers au complexe intello-universitaire.

Plus important encore, cette révolution a replacé la consommation de la culture là où elle aurait toujours dû se trouver : dans le quotidien de la majorité. La classe moyenne, apparue après la guerre, est bientôt devenue la force déterminante du jeu économique, capable ainsi de soutenir une demande en matière culturelle. Au Canada, la part du budget familial alloué annuellement à la culture n'a cessé d'augmenter ; entre 1982 et 1990, elle a fait un bond de 106 pour 100, presque le double du taux d'augmentation de l'ensemble des dépenses de consommation.

Toutes les formes d'expression artistique sont d'ailleurs en jeu, puisque, on l'a dit aussi, le phénomène a largement débordé des cadres du rock. La plus large assistance à un concert classique (800 000 personnes) s'est assemblée devant l'Orchestre philarmonique de New York, le 5 juillet 1986, dans Central Park, symbole même de la *place publique*. En décembre 1992, il fallait avoir recours aux *scalpers* pour entrer au musée d'art moderne de New York, qui accueillait à ce moment-là une rétrospective de Matisse.

Tous les arts sont descendus dans la rue, en autant de mini-Woodstock réinventés à l'infini, pour ensuite défoncer parfois les portes des temples de la culture — telles les œuvres de Jean-Michel Basquiat, graffitiste de Manhattan (décédé en 1988), qui se retrouvent aujourd'hui dans les galeries et les musées.

En fait, la génération dite des *babyboomers*, première à bénéficier des effets centrifuges de la technologie de l'électron, est aussi la première à s'adonner à une production culturelle aussi égalitaire et décentralisée en même temps que puissante et solidement organisée. La première, enfin, à baigner littéralement dans une mer d'information et d'expression culturelle.

Ceux qui ont un aïeul à leur disposition pourront juger sur preuve orale de l'abyssale profondeur du fossé qui les sépare du monde pré-révolutionnaire, où la vie de la majorité se déroulait à peu près sans

contacts avec la culture — et moins encore
avec la production de celle-ci —, à mille
étages au-dessous d'une élite de l'esprit
jouissant *grosso modo* du même statut, des
mêmes privilèges et de la même non-
imputabilité que le clergé. Que la mémoire
collective garde si peu de souvenirs de
cette grande noirceur culturelle tient au
fait que l'histoire est précisément écrite
par les bénédictins de l'aristocratie universitaire.

Gilles Thérien a brillamment analysé
cette passation des pouvoirs culturels
qu'ont déclenchée les Américains. Il décrit
d'abord la structure pyramidale de la culture conservatrice au bas de laquelle « se
trouve le dernier destinataire des bienfaits
de la culture et de la civilisation, le
peuple », et où, « à mesure que l'on
s'approche du sommet, on fait partie de
l'élite, en s'en éloignant, on entre dans le
terrain vague de la culture populaire ».
Puis, il constate que « la culture de l'Amérique n'a pas le même système de repré-
sentation », puisqu'elle se fonde historiquement et sociologiquement sur la
contestation de tous les pouvoirs et « se
présente donc comme un régime de conti-
guïtés à choix multiples. On trouve n'importe quoi à côté de n'importe quoi ».

Cette machine polymorphe produit en
effet un ahurissant catalogue de produits
dont la qualité va du meilleur au pire —
avec beaucoup de pire, concédons-le. Cela
fait partie du processus même de création,

comme cela a toujours été le cas. Et, bien que la caste des idées soit absolument fascinée par la portion la moins signifiante de l'environnement culturel qui est aujourd'hui le nôtre, l'essentiel est encore une fois ailleurs.

La révolution culturelle d'origine américaine a aboli l'espace et le temps.

Alfredo G. A. Valladao soutient que le rock et ses dérivés, dont le *world beat*, montrent « la voie de la création culturelle du XXIe siècle : le métissage croissant allié à une innovation technologique permanente. Ce n'est pas [...] une *culture américaine* qui s'impose au monde, mais une démarche mondialiste qui a son origine aux États-Unis et qui s'impose à tous ».

La nature de la nation, ses caractéristiques et ses fonctions, sont en train de se transformer en profondeur. D'une part, l'exercice des pouvoirs et prérogatives traditionnels de la nation se déplace vers des instances supérieures, continentales et même mondiales. D'autre part, plusieurs ont déjà prédit que l'appartenance nationale de l'individu prendrait un jour un caractère privé, comme la pratique religieuse l'a fait dans les sociétés avancées, et déserterait ainsi le champ du sociopolitique.

Il va alors de soi que la notion de culture nationale est elle aussi sujette à une révision importante. Elle peut, ou non, jouer le jeu de l'internationalisme. Les particularismes fondamentaux de nombre de cultures nationales sont déjà véhiculés à l'échelle du monde, le plus souvent par les multinationales de la culture. Parfois au prix, il est vrai, d'une adaptation au niveau de leur forme — invariablement qualifiée d'hérétique par les puristes.

De la même façon, le critère de la pérennité des œuvres n'opère plus vraiment : une composante essentielle de la révolution culturelle est la transformation de l'appréhension du temps lui-même. La culture, celle qui façonne au jour le jour la société et les hommes, est devenue consommable immédiatement, périssable et éphémère. Du point de vue de la majorité, le *temps culturel* ne peut se conjuguer qu'au présent : c'est en ce lieu et à cet instant que l'homme vit et se regarde vivre.

« Pendant une grande partie du parcours de l'humanité, les œuvres supérieures de l'esprit se sont constituées sous l'autorité esthétique des anciens, elles s'édifiaient en vue de la glorification de l'au-delà, des souverains et des puissants, elles étaient tournées avant tout vers le passé et le futur ,» note Gilles Lipovetsky (dans *L'Empire de l'éphémère*). Il ajoute : « La culture industrielle, au contraire, s'installe de plain-pied dans le périssable [...]. Cela n'interdit pas la réalisation d'œuvres *immortelles*, mais la tendance globale est autre, elle marche à l'obsolescence intégrée, au vertige du présent sans regard pour le lendemain. »

Cette situation nouvelle concourt, on le comprendra facilement, à sonner le glas du règne tyrannique du savoir exclusif et réservé, qui est une notion encore plus totalitaire dans le domaine de la culture qu'elle ne l'est en politique.

On peut cependant choisir de regretter cette contraction de l'espace et du temps en recourant à une panoplie de considérations passéistes, conformistes et réactionnaires. La plus courante prend la forme d'une mélopée geignarde entonnée sur le refrain de *l'art bassement commercial manipulé par les forces de l'argent*, dont l'invariable couplet consiste en ceci :

> Dans le domaine des *industries culturelles*, comme ils disent, on est tellement à la remorque des producteurs et des diffuseurs qu'on ne subventionne plus, dans la majorité des cas, que la médiocrité rentable. [...] Nos préoccupations ne sont pas exactement celles de l'inculture ambiante, ni celles de l'ignorance institutionnalisée.

> Sylvain Lelièvre, chansonnier,
> lors de la remise de la médaille
> Jacques-Blanchet
> à Richard Desjardins,
> 11 décembre 1991.

Or, cela constitue — outre un sérieux accroc à la vérité — une très belle illustration de la façon dont la bourgeoisie culturelle est elle-même obnubilée par les questions de fric.

Comme dans le monde de l'informatique où l'usinage et la propriété des machines, du *hardware,* n'a aucun intérêt, il est absurde de s'arrêter à la question de la propriété et de la commandite des moyens de production et de diffusion de la culture. Le *software* révolutionnaire circule allègrement dans un marché libre : le fric n'est pas un *contenu,* il est un *contenant* dont l'usufruit est distribué de façon anarchique et décentralisée. Alfredo G. A. Valladao confirme : « Le souci principal (des entreprises) n'est pas de contrôler le *contenu* des messages émis sur la surface de la Terre. Un tel travail serait titanesque et n'aurait aucun sens. »

Le monde de la musique, et plus précisément celui du disque, peut servir à faire la démonstration, d'abord, de la façon dont la technologie décentralisatrice a remis en cause la diffusion restreinte et contrôlée de cette forme d'expression artistique. La démonstration, ensuite et surtout, de l'impuissance des forces de l'argent, incarnées ici par les multinationales du disque, à influer sur le message qu'elles véhiculent.

Au moment précis où les États-Unis entrent dans le long calvaire du Viêt-nam, Bob Dylan enregistre *Masters of War* (1964) chez Columbia Records.

En fait, la majeure partie des expressions rock, à peu près sans exception commercialisées par la grande industrie, sont depuis leurs origines des véhicules triplement révolutionnaires.

Du point de vue politique, d'abord, précisément par le refus de la contre-culture rock de jouer le jeu politique traditionnel. Contrairement à la mouvance anarcho-maoïste de mai 68, largement demeurée, même en en prenant le contre-pied, à l'intérieur de schémas de pensée sans imagination, la révolution californienne s'est attaquée il y a trente ans — avec un taux de succès à long terme assez variable, il est vrai — aux valeurs mêmes de la société de l'époque. Il s'est agi d'une révolution populaire, humaniste, pacifiste, internationaliste, alimentée non par l'idéologie mais par l'émotion et le plaisir.

Du point de vue strictement culturel, ensuite : le rock s'est, dès l'origine, bâti sur des fondations multiculturelles — bien avant que ce mot ne devienne un passe-partout pour intellectuels branchés. Les influences africaines coulées dans les fondations du rock se sont bientôt colorées de teintes orientales — dès 1966 avec *East-West*, du Paul Butterfield Blues Band — latines — l'œuvre entière de Carlos Santana, pour ne parler que d'un praticien *mainstream* — et évidemment de toutes les nuances de la palette culturelle occidentale.

Du point de vue social, enfin. Depuis Dylan, lui-même héritier des chantres populaires américains de la quotidienneté, le rock est aussi une sorte de journal des masses laborieuses, dont la franchise et la violence font souvent sursauter les *establishments* réactionnaires. Ainsi, lorsque le rapper noir Ice T a fait diffuser par l'empire ultra-capitaliste Time Warner la pièce *Cop Killer* (1992) :

> Je suis sur le point de tirer,
> Je suis sur le point de poivrer des flics...
> Meurs, meurs, meurs, flic, meurs !...

... cela a-t-il été en substance qualifié d'*appel à la violence constituant une parfaite illustration de la décadence morale de la culture consumériste américaine* par la bourgeoisie de la pensée.

Or, si tel est le cas, où se trouvait-elle, celle-là, lorsque Jean-Paul Sartre a pris la défense des meurtriers des Jeux olympiques de Munich en 1972 :

> La seule arme dont disposent les Palestiniens est le terrorisme. C'est une arme terrible mais les opprimés pauvres n'en ont pas d'autres. Et les Français qui ont approuvé le terrorisme FLN quand il s'exerçait contre les Français ne sauraient qu'approuver, à son tour, l'action terroriste des Palestiniens.
>
> *Les Aventures de la liberté*,
> télésérie de Bernard-Henri Lévy
> diffusée à Radio-Québec, 1991,
> citant Jean-Paul Sartre.

On a élevé à Sartre des monuments. Ice T a été saqué par Time Warner. Apparemment, l'incitation au crime est jugée différemment selon qu'elle provienne des rangs de la bourgeoisie intellectuelle ou des ghettos de l'Amérique noire...

La culture ? L'art ?

Qu'est-ce que la culture ?

Le sens anthropologique du mot est ici hors d'ordre. Alors, est-ce qu'il s'agirait, si l'on veut aborder la chose du point de vue de la société et non de celui du pouvoir, si l'on veut privilégier l'homme plutôt que l'abstrait... est-ce qu'il s'agirait, donc, non pas tant de l'accumulation de connaissances et de références érudites mais plutôt de l'utilisation jouissive de la sensibilité de l'espèce humaine à la métaphore artistique, de la faculté d'émotion activée par les sens lorsque le discours d'un autre humain les sollicite ?

La littérature ? L'art ?

Est-ce que, par hasard, il n'y aurait pas là-dedans quelques idées maîtresses, celle par exemple d'appréhension de l'univers, de la vie et de l'homme, celles de création, d'habileté, de communicabilité, de diffusion, de plaisir ?

C'est à ces quelques notions de base dont l'évidente légitimité et la non moins évidente praticabilité devraient, il me semble, crever les yeux, que nous ramène la révolution culturelle américaine.

Inévitablement, cette révolution est en même temps niée et combattue par l'aristocratie de l'esprit.

Dictature du savoir et art d'État

Niée, d'abord.

Et ce, essentiellement parce qu'elle vient des États-Unis où, enseigne le catéchisme, il ne saurait y avoir d'autres mouvements que d'essence réactionnaire.

Tout en faisant remarquer que l'antiaméricanisme est encore plus virulent au Canada anglais qu'il ne l'est au Québec, Lise Bissonnette — que l'on ne peut guère soupçonner de *jouer le jeu de l'impérialisme yankee* — constate : « Les gens de bien, en ce pays, ne voient pas de xénophobie à détester tout ce qui est américain (et préfèrent vivre) sur le mode de la dénégation. » (Dans *Le Devoir*, 15 février 1993.) Non seulement les États-Unis n'intéressent guère la bourgeoisie de la pensée (il est significatif que l'essentiel de l'information livresque que nous consommons sur ce pays parvienne de la France après un détour de dix mille kilomètres) mais surtout, celle-ci est férocement antiaméricaine — c'est le propos même de cet ouvrage.

Or, l'Amérique est le seul endroit au monde où cette révolution pouvait se produire.

Et ce, pour toutes sortes de raisons dont les principales constituent des facteurs déterminants dans le déclenchement de tout bouleversement des structures de pouvoir. Les Américains ont toujours été méfiants — parfois carrément hostiles — vis-à-vis des deux *establishments* précisément visés par les premiers commandos de la culture rock : le complexe intello-

universitaire exerçant la dictature du savoir ; et l'État, toujours et partout soumis à
la tentation d'instaurer un art... d'État,
justement, voué à la propagande et à l'administration de régimes de privilèges.

Ainsi, il apparaît maintenant que :

petit a : la dictature du savoir dans le
champ culturel est une absurdité qui saute
aux yeux dès que l'on pousse à fond sa
propre logique. À partir du moment où
une œuvre d'art n'est susceptible d'être
fréquentée que par les seuls professionnels
et exégètes, nous sommes en présence (au
mieux, car le risque d'escroquerie croît de
façon inversement proportionnelle à la
diffusion) d'une activité de *R & D*, de
recherche et développement. Celle-ci a
son utilité et doit exister, bien sûr, mais
n'est plus un phénomène culturel au sens
strict et cela ne peut en aucun cas s'instituer en cadre de référence à l'aune
duquel on jugerait la culture actuelle ;

petit b : l'art d'État existe bel et bien
encore en démocratie, ultime réalité de
l'exercice totalitaire du pouvoir. L'art
d'État est par définition vertical et conservateur. Il véhicule les valeurs de la classe
intellectuelle dominante à laquelle l'État
est organiquement lié et rejette toutes considérations à caractère démocratique — à
commencer par la toute première : l'existence même d'un public. On peut mesurer
la mainmise de l'État sur tels courant ou
formes artistiques par le degré de dépendance qu'ils ou elles manifestent vis-à-vis
de celui-ci.

De tout cela, nous verrons plus loin deux exemples éloquents.

Une belle illustration de la puissance résiduelle du *système* culturel est la récupération par celui-ci de cette forme d'expression qu'est le jazz.

Berçant les cheminements respectifs du réveil *black* puis de la *beat generation*, le jazz fut à l'origine une musique populaire qui, un demi-siècle avant le fait, annonçait la révolution culturelle américaine. Dans un roman bien nommé, *Jazz*, Toni Morrison écrit que cette musique « vous faisait faire des choses insensées, déréglées. L'écouter, c'était déjà enfreindre la loi ». Alfredo G. A. Valladao affirme précisément que, couplé à la radio, le jazz a joué « un rôle décisif dans la transformation de la société et des mœurs américaines ».

Maintenant que l'histoire du jazz, son esthétique et ses techniques d'exécution sont enseignées dans les universités, il a perdu tout contenu subversif, comme le démontrent la transformation de son statut social et de la nature de son public, ainsi que le charabia tenant à la fois de la dissection sémiologique et de la statistique sportive dont il est devenu inséparable. Chacun sait en effet que les centaines de milliers de personnes attirées chaque année par le Festival international de jazz de Montréal se retrouvent là pour de tout autres raisons que le jazz lui-même. Tout comme les fêtards s'amassant dans la petite ville de Clute pour le Festival du Maringouin du Texas (rigoureusement exact) ne le font pas pour se frotter aux sympathiques bestioles. N'importe quel disquaire confirmera que les ventes d'enregistrements de jazz sont marginales ; on se plaint depuis des années que, hors festival, les jazzmen montréalais n'ont pas d'endroit où se produire.

« Le rock, c'est le petit frère du jazz, le petit frère délinquant, habillé avec des jeans troués... C'est une révolte aussi, comme le jazz l'a longtemps été », me disait en 1991 le jazzman montréalais Victor Vogel — lequel s'entête inexplicablement à faire de la musique plutôt qu'à se livrer à des dissertations barthiennes.

Cela laisse rêveur.

L'*establishment* réussira-t-il à vider le rock de son contenu comme il l'a fait avec le jazz ? Honnêtement, je le crains : la charge universitaire est déjà sonnée. Non seulement la torture analytique est maintenant pratiquée sur les artistes rock, mais il y a un certain temps déjà que l'idéologie, suivie de son habituel cortège de snobismes, d'excommunications et d'articles de foi, tente d'occuper ce champ de création. Un certain temps aussi que, faisant preuve d'une abyssale incompréhension, la bourgeoisie intellectuelle s'est mise à disséquer doctement le langage — évidemment ! —, la poésie, les mots véhiculés par le rock, alors que c'est la musique, le langage du corps et l'image qui, d'abord et avant tout, font de cette expression ce qu'elle est en instituant une sorte d'esperanto à compréhensibilité instantanée.

Il reste que les deux domaines privilégiés où dictature du savoir et art d'État exercent leurs méfaits de façon concomitante et quasi-monopolistique sont la musique contemporaine et les arts visuels dits d'avant-garde. Du point de vue sociologique, ces expressions ont comme caractéristique principale d'être totalement coupées du public — et ce, dans un monde boulimique de musiques et d'images.

Revenons un instant à Michel Schneider et à sa *Comédie de la culture*. Il est d'autant plus intéressant de citer cet ex-directeur de la musique et de la danse au ministère français de la Culture qu'il entretient en la matière un point de vue impossible à assimiler à quelque propagande populiste que ce soit.

Il n'en débâtit pas moins l'édifice de la musique contemporaine en dénonçant avec vigueur la dictature exercée en France depuis plusieurs décennies par le compositeur Pierre Boulez, dont l'activité créatrice constitue un parfait exemple de l'exercice totalitaire d'un art d'État.

Face à cette musique *atonale*, *sérielle* et *modulable*, écrit l'auteur, « la seule chose qui ne soit pas modulable est le public, toujours le même depuis vingt ans : quelques centaines de croyants. (Que les avant-gardes) soient, en quelque sorte, toujours en retard d'une avance, et que les modernes se condamnent à passer un jour ou l'autre pour des conservateurs, voilà qui devrait leur être insupportable, n'était que le conservatisme d'avant-garde, comme tout conservatisme, procure quelques avantages matériels non négligeables ».

« Il y a au Québec, non pas un, mais plusieurs petits et petites Boulez... », dit Claude Gingras, critique musical à *La Presse*.

Comme en France, le public de la musique contemporaine est ici microscopique : plus ou moins trois cents personnes, toujours les mêmes, que l'on voit aux concerts de la Société de Musique Contemporaine du Québec (SMCQ) et du Nouvel Ensemble Moderne (NEM).

Comme en France, il s'agit d'une affaire d'État où les partitions importantes se déchiffrent au Conseil des arts du Canada, au ministère des Affaires culturelles du Québec et dans les étages supérieurs de la tour de Radio-Canada.

Tous lieux où l'on sait des choses qui échappent au reste de l'humanité.

« Il suffit de peu de chose pour faire un opéra — il suffit d'avoir de bonnes relations et d'obtenir ainsi des subventions des ministères et conseils des arts », écrivait Claude Gingras (dans *La Presse*, 29 novembre 1992) après avoir subi pendant « deux interminables heures » les airs de *Il suffit d'un peu d'air* (Claude Ballif, livret de Renald Tremblay ; production Chants

Libres), un opéra de chambre « d'un hermétisme, d'une prétention et d'un ennui incommensurables ».

Récemment, l'orchestre symphonique et le chœur symphonique de Québec interprétaient la *Messe sur le monde* (Clermont Pépin, textes de Teilhard de Chardin) ; il en aura coûté 200 000 $ aux contribuables pour entendre — car l'événement était diffusé par Radio-Canada — les « habitants d'une galaxie lointaine » chanter :

Imaé, Rre Gneiss ! OMM ! Rrerf ! Omm ! Ifnok Ej ! SSS'... An... TSIGZEN ! Omm !

Je sais bien, c'est faire preuve de barbarie que de suggérer que, peut-être, cela n'a pas de sens. Néanmoins, « au risque de passer pour le dernier des incultes et le pire des incroyants, je serai franc : je me suis profondément ennuyé (à l'écoute de ce texte) hermétique, prétentieux, faussement poétique, parfois enfantin, ridicule et même gênant », écrivait encore Claude Gingras le lendemain du concert (dans *La Presse*, 29 avril 1993).

Dans les deux cas, celui de l'opéra et celui de la messe, il s'agissait de premières mondiales. « Il y a beaucoup de premières mondiales en musique contemporaine », conclut le critique. « Des premières qui sont souvent aussi des *dernières* mondiales... »

Même situation, peu ou prou, en ce qui concerne les arts visuels.

Il s'agit du secteur privilégié de la possession tranquille du pouvoir par une oligarchie qui n'est pas insensible (c'est l'euphémisme du siècle !) aux bénéfices matériels que procure l'évolution en cercle fermé sous protection du bras muséologique et fiscal de l'État. Situation sciemment aggravée par l'hermétisme du langage soudant cette complicité de classe.

« Quel plasticien ne se flatte, ou plutôt n'est crédité par ses exégètes de *former des syntagmes visuels* et d'inventer *un langage plastique* appelant une *lecture rigoureuse* ? Sans doute, moins l'image s'impose-t-elle par ses moyens propres, plus a-t-elle besoin d'interprètes pour la faire parler. *The less you have to see, the more you have to say,* dit-on joliment en Amérique », écrit Régis Debray (dans *Vie et mort de l'image*).

« En arts visuels, la connaissance est volatile et sa nature dépend largement des gens qui sont au pouvoir », dit Jocelyne Lepage, journaliste à la division des arts de *La Presse.*

Le marché institutionnel de l'art d'avant-garde est un phénomène de circulation des œuvres — mais plus important encore, de l'argent public — dans un circuit fermé qui part des organismes subventionneurs et y revient après s'être arrêté dans les universités, les musées *ad hoc* et quelques galeries.

Comme dans le cas de la musique contemporaine, le public des arts visuels d'avant-garde « se limite à quelques centaines d'amateurs », constate Jean-Claude Leblond, ex-rédacteur en chef du périodique spécialisé *Vie des arts*. Selon lui, ce circuit fermé est assez comparable à « une structure ecclésiastique catholique basée sur la foi ». Le public païen en est totalement exclu : « La logique de notre système l'associe à tous ceux qui ne comprennent rien. Moins il saisit les enjeux du discours inhérent à telle production, meilleure est celle-ci. [...] Les artistes manquent du plus élémentaire respect envers la société en réduisant celle-ci à une bande de crétins, de béotiens et d'incultes. (Ce) mépris pour la population (est un) signe d'une éducation déficiente et d'une conscience demeurée adolescente. » (Dans *La Presse*, 15 novembre 1991.)

Il est divertissant de chercher le terme qui serait utilisé pour décrire un système politique dont les principes constituants seraient ceux que nous voyons agir sur ce terrain culturel. Oligarchie ? Ploutocratie ? Théocratie ? Dictature ? Tyrannie ? Ou, pour rigoler un peu, *démocratie populaire* à la mode stalinienne ?

« La fraction des œuvres contemporaines qui réussit à rejoindre un public un peu plus large est le fait d'artistes moins théoriciens qui, de temps à autre, vont créer un courant qui échappe aux universitaires, lesquels craignent plus que tout de voir apparaître autour d'eux des artistes qui ne seraient pas leurs fidèles... Les néo-expressionnistes, par exemple, ou les graffitistes — les artistes de la lignée du pop art, en somme — ont parfois réussi à vaincre ce système », constate encore Jocelyne Lepage.

Les armes de la guérilla

La révolution culturelle américaine est combattue, ensuite.

Forcément.

C'est une chose de se livrer à de subtiles démonstrations de sa non-existence ou, plus simplement encore, de continuer à théoriser comme si elle n'avait jamais eu lieu. C'en est une autre de devoir vivre avec, sur le plancher des vaches, jour après jour ! S'il est possible pour le clergé de la pensée de sauver la face en persistant à ignorer dans ses logorrhées évangélistes l'existence de cette révolution, il lui est bien difficile de ne pas se sentir déstabilisé lorsqu'il voit ses ex-fidèles, au-dessous, sortir en masse de l'église de la culture officielle.

Il ne lui reste plus à ce moment-là qu'à se comporter comme le canard de l'illustration satirique : demeurer calme en surface, pagayer frénétiquement sous l'eau...

Cette agitation prend plusieurs formes.

La première consiste à professer qu'il n'existe aux États-Unis aucune culture, grande ou petite, de sorte que l'on ne saurait espérer qu'il survienne de ce côté quoi que ce soit de neuf, encore moins d'important. Inutile, je pense, de gaspiller du papier et de l'encre à ce sujet. Bien que... une toute petite chose, tout de même, à

l'intention des adorateurs livrophiles de la
cocarde tricolore : la plus grande bibliothèque au monde, celle du Congrès des
États-Unis — 88 millions d'ouvrages — se
trouve à Washington et non à Paris. Et la —
relativement — minuscule bibliothèque de
l'Université de Bloomingdale, Indiana,
compte plus de livres *en français* que celle
de la Sorbonne !

De la même façon, il ne sert à rien de
nuancer l'évocation de l'ethnocentrisme
culturel du peuple américain, lequel existe
bel et bien, sans doute, mais n'empêche
pas les États-Unis d'être les principaux
acheteurs de films français (24 millions
de dollars en 1991), très loin devant le
deuxième importateur (l'Italie, 13,1 millions) et à plusieurs coudées devant l'ensemble des trois principaux pays indus-
trialisés à forte population francophone
(Suisse, Belgique et Canada, 17,1 millions) !

L'aristocratie de la pensée utilise cependant des tactiques beaucoup plus
vicieuses pour contrecarrer la dissémination de cette arme dangereuse qu'est l'expression artistique s'accomplissant hors
de son contrôle.

D'abord, ses garde-frontières s'efforcent de bloquer — au propre ou au figuré
— l'entrée sur le territoire national des
productions étrangères de toutes discipli-
nes dont on sait qu'elles risquent de plaire
à un large public.

La guerre déclenchée par la bourgeoisie, au début de 1993, contre la libre circu-

lation des ondes de télévision au-dessus du Canada est un exemple parfait de ce protectionnisme d'autant plus violemment revendiqué que la diffusion directe par satellite des deux cents canaux évoqués reposait sur une technologie exploitée par un conglomérat américain, Hugues & Hubbard. À Téhéran, la police iranienne saisit purement et simplement les antennes paraboliques en vertu des lois concernant les « outils de l'invasion culturelle occidentale » (dans *La Presse*, 26 avril 1993), ce qui épargne bien des travaux en chambre et autres séances de comité. À Kiev, j'ai visité en avril 1992 une église, la Cathédrale Saint-Nicholas, transformée il y a des décennies en station de brouillage par le KGB et récemment reconvertie par le gouvernement ukrainien en salle de concert — ce qui peut être interprété comme un double triomphe de la culture sur des obscurantismes idéologiques tous deux très friands de censure ! Bref, le 3 juin 1993, le Conseil canadien de la radiodiffusion et des télécommunications (CRTC) eut la sagesse de rendre une décision conforme au bon sens et de ne pas mettre en place un appareil de censure à hauteur stratosphérique.

Ce public, ensuite, les diverses polices à la solde de l'*establishment* le harcèlent sans relâche dans le but de le tenir à distance des barricades érigées devant les temples des arts et de la culture.

On a déjà vu à quel point le langage est

une arme efficace dans cet exercice de refoulement de la plèbe hors des lieux bénis. « En art, le discours est parole divine », résume Jean-Claude Leblond. (Dans *La Presse*, 13 novembre 1991.)

Il existe plusieurs façons de manier cette arme, la première s'incarnant dans ceci :

> Latent, le lecteur devient *patent* : non parce qu'il me lit, non parce qu'il m'aime mais parce qu'il se lit parce qu'il peut s'aimer soi-même dans le trou blanc du livre, parce qu'il s'y reconnaît, qu'il peut s'y lover, y filer sa propre présence jusqu'au point de rencontre où la sienne est consubstantielle à la mienne. En ce point de l'esprit où non seulement je est un autre mais un autre est je. Sans ces instants fulgurants de « commune présence », ces noces de lumière où se *ravissent* mutuellement écriture et lecture, la Poésie n'a pas lieu *d'agir*, lieu *d'opérer*.

> Claire Lejeune,
> *Écrivain cherche lecteur.*

Vous n'êtes pas certain d'avoir bien compris, pas très sûr d'avoir saisi le message ? Ou alors vous vous rendez compte avec stupéfaction, après un laborieux déchiffrage, que celui-ci est à ce point simple (voire simplet : *le partenaire obligé de l'écrivain est le lecteur,* comme le titre de l'ouvrage le laisse supposer !) qu'il se passerait même d'être couché sur papier ? Rassurez-vous. Ce texte n'a pas d'abord été écrit pour transmettre une information. Cette soupe de mots est, tels le trône d'or et les habits somptueux du monarque, tels le latin et l'encens de l'Église, un gadget avant tout destiné à marquer la distance entre la bourgeoisie de l'esprit et le bas peuple. Les italiques et les guillemets distribués au hasard ajoutent à ce mystère distanciateur puisqu'on ne peut s'empêcher de les soupçonner d'avoir une signification qui nous échappe.

Une autre technique efficace d'assaut par le langage consiste, pour les artistes inféodés à la classe dominante, à ne pas en user. C'est-à-dire à refuser purement et simplement de s'adresser au public par la voie des médias — ou alors à y consentir avec une telle mauvaise grâce qu'ils découragent ainsi toute récidive. J'ai été témoin, et à plusieurs reprises, de ce type de manœuvre de la part de praticiens du théâtre, de la danse, de la musique (contemporaine), du cinéma et de la littérature. Le but recherché est évidemment de se produire, ou d'exposer, ou d'être lu, dans des lieux et/ou des circonstances où le risque est nul de voir apparaître quelque public — supérieurement encombrant dans le cadre de la pratique artistique d'État destinée à un circuit fermé.

En cas d'échec de ces manœuvres, le langage pourra ultimement être imposé en lieu et place de l'art, faisant disparaître l'artiste au profit du penseur. Il s'agit là, à ma courte honte, d'une tactique de guérilla dans laquelle excellent les médias.

Nous, de la confrérie des scribes, avons en effet tendance à avoir une haute opinion de nos opinions, il faut le confesser. « Simple témoin au regard critique, chaque journaliste, du plus modeste au plus aguerri, est guetté par une fâcheuse propension à jouer les acteurs influents », constate Pierre Boncenne dans *Les petits poissons rouges.* (Soit dit en passant, cela explique peut-être en partie la complaisance dont font preuve bon nombre de journalistes à l'endroit du complexe intello-universitaire, lequel administre un pouvoir dont ils espèrent, par mimétisme, s'approprier une parcelle.)

Néanmoins, cela constituerait un problème somme toute assez mineur si, en pratique, cet empiètement de l'opinion sur le terrain des faits — un travers directement importé des salles de rédaction françaises — ne détournait petit à petit les médias de leur fonction première, en réduisant graduellement et comme une peau de chagrin, l'espace dévolu à l'information.

Dans le domaine culturel, où ce syndrome sévit de façon endémique, l'information factuelle est souvent décrite péjorativement comme une *plogue*, point de vue dont l'absurdité sauterait aux yeux dans tout autre secteur de couverture journalistique. À moins, bien sûr, de décréter que tout travail de cueillette et de transmission de l'information est en réalité une activité publicitaire, auquel cas il conviendrait de plaquer un immense bandeau *Publi-Reportage* en page frontispice de tous nos quotidiens et sur le pupitre des lecteurs de nouvelles de tous nos réseaux de télévision.

Cette position idéologique est cependant utile pour justifier l'interposition d'un *sachant* entre le public et les artistes. Cela se fait aux dépens du public qui, on s'en doute un peu, aimerait bien s'instruire sur ce dont on parle avant de savoir ce que la bourgeoisie en pense. Et aux dépens des artistes, qui deviennent des figurants dans un spectacle qui ne les concerne plus directement.

Le retrait des ondes de l'émission *La Bande des six* a donné lieu à ce débat un peu surréaliste (notamment mené à l'antenne de *En direct*, CBF, 2 juin 1993) consistant à déterminer si la critique artistique pouvait se suffire à elle-même sans assises factuelles pour la précéder et la soutenir. « Quand il y avait un débat très passionné, au sujet par exemple d'une pièce de théâtre, [...] la formule de *La Bande des six* faisait en sorte que l'on tombait très vite dans une espèce de spectacle *moi, j'aime, moi, j'aime pas,* et le show, c'était les deux critiques qui s'affrontaient ! La maudite pièce de théâtre, plus personne n'en parlait, ni ne voulait savoir ce que c'était ! », remarquait alors l'animatrice Christiane Charrette. Il est vrai que les commentateurs de l'émission de télé étaient depuis un certain temps placés par Radio-Canada dans l'étrange position d'être fin seuls à la grille horaire de la télévision d'État, sans autre émission d'information culturelle de formule différente pour les précéder, et pour informer — au sens strict — les téléspectateurs.

Tant pis, encore et toujours, pour le malheureux public.

Enfin, on me permettra d'évoquer un peu plus longuement les circonstances d'une bataille type menée récemment par les troupes de choc de la bourgeoisie culturelle. Cet affrontement s'est produit lors de la présentation à Montréal des comédies musicales *Les Misérables* et *The Phantom of the Opera*.

Il fut physiquement impossible, bien sûr, de refouler aux frontières les camions à remorque des firmes productrices. Aussi eut-on recours, dans le but de combattre le mal venu de l'étranger, à la phalange médiatique. Le ton employé pour parler de ces productions fut généralement celui du mépris hautain s'incarnant à la perfection dans cette diatribe :

> Le *fast-food* culturel de l'heure... *The Phantom of The Opera*, un produit culturel s'apparentant de très près au sandwich vedette de la chaîne McDonald, le Big Mac. [...] Indice suprême de la parenté des deux produits : la recette, qui est la même partout dans le monde afin que le consommateur ne soit pas déboussolé. [...] *Live Entertainment* [...] offre un programme éducatif Pepsi-*Phantom of The Opera* ! [...] Mais pour apprendre quoi ? Mystère...

> Julie Vaillancourt,
> *Le Devoir*, 22 décembre 1992.

Quoi de mieux, en effet, pour exprimer sa répulsion que de recourir à McDonald et à Pepsi, symboles à la fois des visées impérialistes et du manque de goût des Américains ? Il importe assez peu que les *Miz* et le *Phantom* soient des shows de conception non pas américaine mais britannique, inspirés de surcroît par des œuvres françaises : il n'a jamais été question de devoir tenir compte des faits, bien entendu.

Chacun a le droit d'aimer ou pas la comédie musicale en général, et celles-là en particulier. On peut décréter que le genre est stupide, auquel cas il vaudrait mieux ne pas nous entêter à en monter nous-mêmes. On pourra alors faire une croix sur ses retombées de tous ordres. Je pense en particulier à la fascination que nourrissent les danseurs montréalais à l'égard de la scène new-yorkaise, où l'art de la danse jouit d'une grande visibilité médiatique, à laquelle Broadway ne concourt pas pour peu. On ne peut à la fois lever le nez sur les aspects les plus populaires d'une forme d'expression artistique et se plaindre du fait qu'elle n'intéresse personne.

Quoi qu'il en soit, je m'abstiendrai — d'autant plus facilement que ce n'est pas ce qui importe ici — de tout jugement de valeur sur les *Miz* et le *Phantom*. Et, à la limite, accepterais sans broncher de voir qualifier d'imbéciles les centaines de milliers de spectateurs qui, ailleurs dans le monde, ont vu l'une ou l'autre avant qu'elles ne débarquent à Montréal.

Cependant, il est impossible de passer sous silence les effets pervers — sous un angle exclusivement pratico-pratique — du mépris affiché en cette occasion par la bourgeoisie locale.

Lorsque vint le moment de monter sous licence des versions canadiennes des *Miz* et du *Phantom*, les milieux culturels québécois laissèrent le champ libre aux producteurs torontois, en évoquant l'impossibilité de financer ici de telles productions. Cela est peut-être exact. Mais il est patent que personne ne fit de gros efforts. Notons cependant que, déjà, l'expression « McDonald culturel » était apparue... et que l'*establishment* culturel québécois rigolait ferme : le « vrai » théâtre torontois, celui des cent vingt trois petites compagnies recensées en 1988, allait être assassiné par l'impérialisme américain alors que le nôtre, demeuré noble, échapperait au massacre.

Résultat des courses ?

À Toronto, les fonds (privés) déversés par le *Phantom* ont servi, à raison de 18 millions de dollars, à compléter la restauration du luxueux Pantages Theatre, qui n'est pas tombé en poussière une fois le spectre disparu et est dorénavant équipé des installations scéniques les plus sophistiquées.

Les deux shows ont servi à former des centaines d'artistes, d'artisans, de techniciens et d'administrateurs spécialisés. Cela peut être utile, même pour explorer une

nouvelle facette de la distanciation brech-
tienne.

Pendant que Montréal se condamnait
à demeurer un importateur de seconde
main dans le circuit international des arts
de la scène, le Toronto culturel étendait sa
sphère d'influence tout en planant dans le
fric — lequel finit bien par retomber au
moins en partie quelque part, nonobstant
toutes les ponctions des thésauriseurs et
autres requins de la finance.

Le fait est que deux ans plus tard, les
producteurs Ed et David Mirvish inaugu-
raient à Toronto (à temps pour la première
d'un autre « show McDonald », *Miss Sai-
gon*, le 26 mai 1993) un nouveau théâtre
d'un coût de 22 millions de dollars, le Prin-
cess of Wales Theatre, premier depuis cinquante ans à avoir été bâti sans aucun
apport de fonds publics au Canada !

Enfin, alors que les entrées au théâtre
diminuaient de 7 pour cent en 1990-1991
dans l'ensemble du pays, 140 compagnies
professionnelles de théâtre et de danse
présentaient 2 200 spectacles devant des
auditoires torontois, soit 20 pour 100 du
total canadien alors que Toronto ne
compte que 11 pour 100 de la population
adulte du pays.

Bravo !

Pendant ce temps, chacun en garde un
souvenir indélébile, Montréal se payait un
magnifique *Gala* à la Place des Arts... sans
avoir, il est vrai, à subir la plus petite op-
pression de la part de l'impérialisme
culturel américain.

7

Rambo démasqué

Albert Jacquard fait partie de ce cénacle de vieux sages patentés — en compagnie des Hubert Reeves et autres René Dumont — dont les déclarations sont généralement accueillies comme paroles d'évangile, à genoux, tête basse, mains jointes, queue entre les jambes, esprit critique au repos.

C'est une posture que prend volontiers Joël LeBigot dans les studios de *CBF Bonjour*, tôt le matin, lorsque l'illustre généticien daigne venir jeter ses lumières sur le bon peuple à peine sorti de ses rêves, dans l'attitude de l'auguste semeur garrochant des graines sur un terreau dont il doute tout de même un peu de la fertilité : l'homme aime bien se dire utopiste, ce par quoi il se dégage — avec sagesse — de toute responsabilité dans le cas bien improbable où quelque écervelé égaré au pouvoir se mettrait en tête d'appliquer à la lettre le catéchisme jacquardien.

Le 8 mars 1993, invité à Radio-Canada dans le but de vendre son dernier produit, *Un monde sans prisons* (ce qui constitue en soi tout un programme), Jacquard eut cette réflexion :

> La violence, on peut y échapper. La violence n'est pas dans la nature ; la violence, elle est à la télé !...

L'inanité d'une telle déclaration est si évidente, cette thèse est si énorme et si grotesque, qu'on ne sait pas s'il vaut la peine de faire la démonstration, mille fois répétée, de son exact contraire. Et, le cas échéant, par où il convient de commencer.

Un mot tout de même — sautez tout de suite plus loin si vous l'estimez superflu.

Sur le premier point : la violence est la caractéristique *première* de la nature, dans les règnes minéral, végétal et animal. Des éruptions volcaniques jusqu'à la prédation en tant que mode de subsistance, la nature a évolué, c'est désolant sur le plan philosophique mais c'est ainsi, grâce à la violence.

Sur le second : vraiment, que dire ?... Que la télévision existe depuis un demi-siècle mais que les êtres humains, eux, s'étripent et s'entretuent depuis cinq millions d'années, précisément depuis ce jour où le premier australopithèque s'est servi d'un galet sommairement dégrossi pour le lancer à la tête du deuxième — c'est une évidence, je sais bien, et je supplie le lecteur de croire que je ne le considère pas comme débile.

C'est d'ailleurs pourquoi on a en quelque sorte « inventé » la société. Et la police. C'est Pierre Bourgeault, je crois, qui disait que la société est essentiellement une affaire de police. L'histoire de l'humanité peut être vue comme une tentative incessante — et variablement couronnée de succès — de faire triompher le droit sur la force brute. Vu sur une longue période de temps, de la caverne au bungalow, on n'y a dans certains coins de la planète pas trop mal réussi — ce que confirme Jean-Claude Chesnay dans son *Histoire de la violence.* Même les mégapoles les plus dangereuses de cette fin de millénaire sont, quoi qu'on en dise et essaie de nous en faire accroire, moins violentes que les cités européennes des siècles passés. Le regard le plus rapide posé sur l'architecture des maisons séculaires du vieux continent enseigne qu'elles servaient d'abord et avant tout de forteresses privées hors desquelles il était exclu de s'aventurer, la nuit, à moins de se fondre dans un groupe de douze hommes armés.

En fait, l'hypothèse selon laquelle la télé serait le principal élément déclencheur de la violence sert à démontrer la nécessité de fabriquer un « Homme nouveau », idée fixe des idéologues, puisque celui dont nous disposons est incapable de se déterminer et se livre pieds et poings liés au tyran cathodique.

Cette hypothèse accueillie, il faudra cependant accepter aussi son corollaire voulant que les *femmes au foyer* soient aux États-Unis les parangons de la folie meurtrière ! Ce sont elles, en effet, qui passent le plus de temps devant le petit écran (quatre heures vingt-cinq minutes quotidiennement, août 1993)... Les adolescents consomment presque la moitié moins de télé (deux heures quarante-trois minutes), ce qui, dans les faits, n'a pas empêché un nombre croissant d'entre eux (une augmentation de 85 pour cent entre 1987 et 1991) d'être impliqués dans des affaires de meurtre.

La théorie de la tyrannie de l'électron est en outre assez mal conciliable avec le fait qu'aux élections présidentielles américaines de 1992, les résultats du vote populaire ont été inversement proportionnels aux dépenses télévisuelles autorisées par chacun des candidats. Ross Perot, qui a englouti 24,9 millions de dollars à ce poste, a récolté 19 pour cent des voix ; Bill Clinton, avec un investissement cathodique de 9,4 millions de dollars, a récolté 43 pour 100 des suffrages exprimés ainsi qu'un fauteuil dans le bureau ovale...

Bref, ma nature — ou mon métier — fait que chaque jour, aux aurores, je souffre d'une incoercible boulimie d'information : je tente alors de me nourrir tout à la fois de radio, de télévision et de presse écrite — en arrosant le plat de quelques litres de café. Le hasard voulut que, ce même 8 mars, j'attrapasse au vol l'oiseau Jacquard, présent, en même temps que chez LeBigot et grâce à la magie de l'image en conserve, au diabolique écran de l'infernale télé.

C'est là que je l'entendis préciser sa pensée : la violence dans les médias, c'est Rambo.

Nous y voilà.

Jacquard n'a rien inventé, bien sûr. Il est le dix millième puits de science (après Claude Benjamin, ci-devant président de la Régie du cinéma du Québec. Et Mère Teresa, sans doute) à appeler à la rescousse Sylvester Stallone, devenu malgré lui une sorte de tarte à la crème médiatique. Rambo, c'est le méchant de service dont la tête (un peu) sauvage, le regard (très) vide, le tout-dans-les-muscles-et-dans-l'arme-automatique font recette dans les harangues inspirées des adolescentes pétitionnaires et dans les pages d'opinion des grands quotidiens :

> Les citoyens en ont seulement un peu marre de subir à chaque jour [...] une kyrielle de scènes de démembrement sommaire, d'éclatement de viscères, d'explosion de boîtes crâniennes. Ce n'est pas seulement de mauvais goût et éthiquement nul, c'est répétitif, lassant, et vaguement néanderthal. Restreindre les poussées hormonales des Rambo, G. I. Joe et autres Batman forcera peut-être les créateurs à être plus créatifs !
>
> Mario Poirier, psychologue,
> *La Presse*, 10 avril 1993.

Cela donne froid dans le dos, écrit Thierry Horguelin (dans *24 Images*, avril-mai 1993) de voir le « consensus inédit qui

se fait jour entre les branches les plus réactionnaires et les plus soi-disant radicales
de l'opinion publique, (entre) le puritanisme ultraconservateur et les néo-
féministes américaines, la majorité morale
et les petits Jdanov de la *political correctness...* ».

L'examen de cette débauche morali-
satrice enseigne assez vite et de façon tout
à fait concluante que cette activité vise en
fait l'image américaine, dans une incessante tentative de réduire celle-ci à un de
ses aspects marginaux. Elle rejoint en tous
points la thèse développée par Michael
Medved, critique de cinéma à la chaîne
américaine Public Broadcasting System
(PBS) et vu en général comme un idéolo-
gue de droite ; celui-ci soutient en effet
que :

> ... Les gens ont cessé d'aller au cinéma
> parce qu'ils ne peuvent plus supporter le
> parti-pris d'Hollywood pour le sexe, la
> violence et la déchéance morale.

> BPI Entertainment News Wire,
> *La Presse*, 13 mars 1993.

Or, cela ne correspond pas à la réalité.
D'abord, on le verra, le public américain ne déserte pas ses salles obscures.
Ensuite, les films remportant le plus de
succès auprès du public américain sont
destinés à la famille, donc exempts de sexe
et de violence — *politically correct*, pour
ainsi dire. C'est le cas de huit des dix films
les plus haut cotés au box-office au cours
des trois dernières années. En 1992, cela se

vérifiait encore chez sept des huit *majors*. La même tendance se dessinait pour 1993, avec les succès de *Aladdin, Home Alone 2, Groundhog Day* et même *Jurassic Park,* dont la « violence » reptilienne est, si les purs esprits veulent bien ne pas s'évaporer par surchauffe, absolument inoffensive.

Bref, le jugement porté sur l'image américaine ne saurait se réduire à l'évaluation des *Rambo*, de la même façon qu'on n'évalue pas la production cinématographique française à partir des *Bidasses en folie.*

* * *

Retour chez LeBigot.

Quelques secondes après avoir retracé la genèse de la violence dans les profondeurs du canon à électrons et alors qu'on évoquait devant lui le crime commis par une parfaite crapule (un violeur, personnage éminemment peu sympathique), Albert Jacquard s'exclama :

Il est bien clair que, devant des crimes pareils... C'est effroyable... Si j'étais en face, je tuerais le type, bien sûr, si je le pouvais !

Ciel !

Jacquard se prononce en faveur de la peine de mort... et propose de l'appliquer lui-même !

Une seule conclusion s'impose : le sage consomme trop de télévision.

Hollywood, l'antre de la bête

Il me semble que le cinéma traverse une bien mauvaise période. Et que ça dure. Et que ça ne semble pas devoir se terminer.

Le signe le plus frappant, bien sûr, est la désertion du public. Partout, sauf aux États-Unis, (où, depuis trente ans, la fréquentation reste à peu près stable à un peu plus d'un milliard d'entrées par année), la popularité du grand écran est en chute libre. Au Japon, entre 1960 et 1990, le nombre de sièges vendus dans les salles obscures a été divisé par sept ; en Italie également ; en Grande-Bretagne, par six ; en France, par deux (en dix ans seulement, de 1982 à 1992).

C'est un signe, aussi, que tous les cinémas nationaux soient à la dérive. Sauf chez les Américains qui — on le répète suffisamment dans le but de les accabler — sont parfaitement heureux avec leur cinéma national. Seulement 9,7 % des Allemands vont voir des films allemands (en 1990) ; 15 % des Britanniques, des films britanniques ; 20,5 % des Italiens, des films italiens ; 10,4 % des Espagnols, des films espagnols. Au Québec, en 1989-1990, 79 % des 169 millions de dollars amassés à la porte des cinémas sont allés à l'étranger — chez les producteurs américains pour la plus grande part.

On a déjà brièvement évoqué le cas malheureux de la France. Il reste que c'est elle qui, parmi ces grabataires, conserve l'air le plus guilleret. En 1990, toujours, elle a produit 146 films (les États-Unis en ont tourné 358 et l'Inde... 948 !), trois fois plus que l'Allemagne. Néanmoins, ce n'est pas le pactole.

On peut expliquer cette situation de différentes façons.

La thèse bourgeoise dominante en cette matière est construite à partir de deux matériaux principaux : les inépuisables ressources financières, publicitaires et logistiques des *majors* américains (voir Claude Julien, chapitre 5), ainsi que la stupidité profonde du public (voir Jean Larose, chapitre 3). Ce point de vue surgit dès qu'on évoque Hollywood, et trouve son complément dans une récente déclaration du réalisateur Bertrand Tavernier :

> Avec la complicité de certains politiciens et même des journaux [...], s'appuyant sur un système de distribution à l'épreuve des bombes, (les Américains) nous imposent leurs films...
>
> Agence France Presse,
> 5 novembre 1992,
> non publié au Québec.

Un enfant de cinq ans est capable de comprendre que cette explication fondée sur l'existence d'une sorte de mécanique conspiratoire (voir Noam Chomsky, chapitre 9) ne tient pas la route.

D'abord, les *majors* honnis (Universal, Fox, Columbia, Tristar, Disney, Warner, Paramount, MGM) ne sont pas seuls en lice aux États-Unis — Woody Allen, excusez du peu, travaille avec une maison indépendante. Celles-ci ne sont pas précisément occultées par le système mais ont au contraire le vent dans les voiles et étaient solidement représentés dans les fiches des nominations aux Oscars remis en 1993.

Ensuite, l'argent n'explique pas tout. L'État, principal bailleur de fonds du cinéma français, a en dix ans multiplié par cinq son investissement dans ce secteur, y allant de 1,74 milliard de francs français en 1990. Dans le même temps, le public boudait de façon croissante son cinéma national : 110 millions d'entrées en 1981, plus que 34 millions en 1992, alors même que les films américains attiraient 70 millions de spectateurs.

Cependant, la graduelle transformation du cinéma français en art d'État nous fait toucher du doigt une autre des perversions inhérentes à l'exercice totalitaire du pouvoir culturel : l'élimination du risque. Et éliminer le risque, c'est aussi, souvent, éliminer le public.

La situation est d'ailleurs remarquablement similaire chez nous où l'État finance 70 pour 100 des coûts des longs métrages produits. Le principal organisme de subvention, Téléfilm Canada, administrait un budget de 159 millions de dollars en 1992-1993 ; aucun des films qu'il a soutenus n'a rapporté plus de 700 000 dollars aux guichets. Et, fait littéralement hallucinant, on se plaint ici de la soif de profits des industriels du cinéma !

> Tout le monde s'est entendu pour dénoncer les rouages d'un système qui régit l'expression artistique au nom des besoins illusoires de notre *industrie*. [...] Comme le dit Olivier Asselin, *il est clair que les institutions ont voulu imposer un modèle industriel aux cinéastes québécois, même si ce modèle est en train de tuer tout un pan de notre cinéma.*
>
> Georges Privet,
> *Voir,* 24 juin 1993.

Je suis peu clairvoyant : je n'avais pas remarqué que l'intention des institutions était d'imposer un modèle industriel, auquel cas elles ont, me semble-t-il, lamentablement échoué. Je suis bien naïf : je croyais que ce qui était en train de tuer notre cinéma, c'était son incapacité chronique à toucher le public.

Jusqu'à quel point cette déplorable situation est-elle précisément liée à l'absence de risque ?

« La création (relève) essentiellement du risque individuel, pour laquelle les principes et les critères de choix dans un espace politique démocratique ne sont pas pertinents », écrit Michel Schneider.

« Il va jusqu'au bord du gouffre. Il prétend que le cinéma sans risque est un cinéma sans talent », dit-on du producteur et réalisateur Claude Berri (dans *Le Nouvel Observateur*, 6 mai 1993) qui, lui, ne réussit pas trop mal auprès du public.

Le cinéma américain est rentable (l'image est la plus importante exportation des États-Unis après les avions civils), mais il risque gros. Ses échecs sont toujours retentissants. *La Porte du Paradis,* un western de Michael Cimino tourné en 1980, a coûté 57 millions de dollars (en comptant la distribution) ; ses producteurs ont encaissé un maigre 1,5 million avant de se résigner à jeter la pellicule dans un gigantesque sac-poubelle.

Enfin, le « matraquage publicitaire yankee » n'explique pas tout non plus. Je sais bien que cela est trop simple pour les esprits torturés, mais il est clair que certains films européens marchent bien, en dépit de campagnes publicitaires plutôt sommaires, parce qu'ils sont bons. Les autres ne marchent pas parce qu'ils sont mauvais — comme le sont les mauvais films américains que, précisément, personne ne va voir.

D'ailleurs, le tambour médiatique roule tout autant pour les films européens, lesquels nous parviennent parfois ici affublés du vocable de « films d'auteur » — une curieuse distinction impliquant que les autres ne sont tournés par personne. Les films d'auteur jouissent auprès de la critique bourgeoise d'une complaisance à ce point systématique que je la soupçonne de se retourner parfois contre les produits mêmes devant lesquels elle s'agenouille.

On demeure abasourdi et cruellement déçu, par exemple, après avoir lu de vibrantes apologies d'œuvres telles *Tous les matins du monde* (Alain Corneau, 1991) ou

Le Chêne (Lucian Pintilie, 1992), de ne trouver dans la première qu'un pensum cinématographique d'une cosmique prétention, en outre assez mal ficelé et racheté seulement par la trame musicale, créée il y a trois cents ans. Dans la seconde, une laborieuse fresque sociale à intérêt strictement anthropologique ; car il faudrait avoir un cœur de pierre pour faire des reproches à Pintilie, un homme qui a vécu dans l'enfer du régime Ceausescu et qui avoue lui-même avoir à « rattraper vingt ans de retard comme cinéaste », explication définitive du fait que *Le Chêne* :

... s'adresse à un public d'élite.

> *La Presse*,
> 28 novembre 1992,
> citant Lucian Pintilie.

On voit parfaitement ce qui, dans *Tous les matins du monde* et dans *Le Chêne*, conforte le conservatisme de l'élite, justement. Et, en même temps, ennuie le public.

L'œuvre de Corneau est, dans sa forme, pesamment démonstrative, formidablement lente, désespérément classique. Dans sa substance, fondée sur la création artistique vue comme un processus nobiliaire impliquant torture et souffrance subies en vue d'un idéal supra-humain, quasi divin, à peine compréhensible pour le commun des mortels — tout ce que la musique *n'est pas* en réalité.

Le film de Pintilie présente à peu près les mêmes caractéristiques formelles. Elles servent dans ce cas à faire la démonstration d'une sorte de théorie du chaos disparue depuis des décennies du champ de la réflexion sociale en Occident, n'ayant maintenant plus de sens que sur les tableaux noirs des docteurs en mathématiques.

Ces films n'appartiennent pas au présent et au réel, simplement. Et ils sont, culturellement parlant, d'incidence nulle.

En somme, après de telles déconvenues, on se dit : on ne m'y reprendra plus. Et on risque par la suite de rater quelques bons *films d'auteur*...

Quoi qu'il en soit, un seul exemple illustrera l'océan séparant les façons de faire cinématographiques française et américaine : celui du traitement accordé de part et d'autre à un épisode historique également traumatisant pour les peuples français et américain : la tragédie du Sud-Est asiatique.

La catharsis eut pour titre *Indochine* (Régis Wargnier, 1992) en France et (parmi d'autres) *Apocalypse Now* (Francis Ford Coppola, 1979) en Amérique. Dans les deux cas, des films magnifiques et appréciés par le public.

Il est cependant impossible de ne pas voir qu'*Indochine* est somme toute une gentille histoire d'amour posée sur un fond de bouleversement social évoqué plus qu'exploré, le tout étant présenté dans une esthétique splendide, certes, mais avec un classicisme presque figé constituant une parfaite illustration des propos de Bernard-Henri Lévy rapportés quelques chapitres plus haut. En plus, sur le plan politique, d'une nouvelle démonstration de l'extrême pudeur — le mot est faible — des Français par rapport à leur passé colonial. Il n'est peut-être pas inutile de rappeler qu'en France, huit ans après la guerre d'Algérie, *La Bataille d'Alger* (Gillo Pontecorvo, Lion d'Or au festival de Venise, 1966) fut retiré de l'affiche après quarante-huit heures de projection en salles et interdit d'antenne à la télévision.

Ce bon vieux Jean-Luc Godard dit lui-même : « Si les États-Unis dominent le monde, c'est parce que c'est le seul pays où existe encore ce qui se rapproche le plus d'une démocratie. [...] Le cinéma américain est fort parce qu'il représente cela. Sinon, il n'y aurait aucune raison pour qu'un film américain soit aimé aux quatre coins du monde. » (Dans *Libération*, 2 mai 1980.)

Indochine n'est pas un navet, entendons-nous.

Mais on est à mille années-lumière de la secousse sismique que le spectateur subit dès les premières secondes d'*Apocalypse Now*. Un film que Coppola a achevé dans des conditions hallucinantes, littéralement acculé à la faillite, et qu'il a réussi à transformer en une fresque cauchemardesque de la folie de l'homme, du siècle et de la guerre ; un examen saisissant de la dérive de l'Amérique dans le Sud-Est asiatique. Aucun discours pacifiste sous quelque forme que ce soit (sauf peut-être le *Johnny s'en va-t-en guerre* de Dalton Trumbo, États-Unis, 1971), n'a jamais atteint cette profondeur, cette originalité et surtout cette puissance d'évocation donnant tout son sens à l'hymne *The End*, du groupe The Doors, qui nous conduit aux portes de... l'apocalypse, précisément. Le spectateur sort de là en tremblant. Et certaines images restent gravées à jamais dans sa mémoire.

C'est un mystère pour moi, que l'on puisse arriver à écrire que :

> ... Le cinéma américain évacue le sens pour créer des spectacles purs qui ne disent rien : *Apocalypse Now* est un film sans moralité, un film qui, au lieu de commenter la guerre, rivalise avec celle-ci...

> *Cinémas*,
> automne 1990,
> citant Jean Baudrillard.

Car il y a justement une certaine perception de la modernité, des enjeux sociaux et de l'homme de cette fin de siècle qui, hélas ! semble échapper pour une bonne part aux artisans des cinémas autres qu'américains — en se plaçant bien sûr du point de vue de la majorité, non de celui de la bourgeoisie. Du reste, il n'y a rien d'anormal au fait que l'interprétation culturelle du monde soit elle aussi une spécialité américaine. De tout temps, les résultats les plus probants remportés dans cette activité métaphorique l'ont été par les artistes des empires dominants ; il n'y a pas de raison pour que ce siècle établisse une exception.

Cependant, note Alfredo G. A. Valladao, il y a avec cet empire-ci une différence.

Constatant que « les États-Unis n'ont jamais été une puissance comme les autres », l'auteur note que la culture américaine, et en particulier sa production audio-visuelle, « n'est rien d'autre que l'exaltation de l'individu et de la part de passions universelles que chacun peut vivre indépendamment de ses origines. [...] C'est un miroir réaliste de la condition des citoyens de *l'Amérique-monde* ».

Georges Suffert écrit : « Le cinéma américain est à la fois un objet de consommation et un baume destiné à calmer les angoisses des spectateurs. Comme ils traduisent les antagonismes d'une société déjà mondialisée, films et feuilletons d'outre-Atlantique sont dans une large proportion consommables à Paris, à Tokyo ou au Caire. »

Face à tout cela, le Québec est bien petit, évidemment.

Pour un Jean-Claude Lauzon dont le *Zoo la nuit* (1987), et à un moindre degré, *Léolo* (1992), constituent de courageuses tentatives pour sortir des sentiers battus et des circuits bourgeois, on trouve dix cinéastes emprisonnés dans un conformisme d'un abyssal ennui, lovés dans le confort subventionnaire et fiscal de l'État, avant tout soucieux de ne pas froisser la classe dominante, nostalgiques de l'époque du *cinéma de cuisine* alors que l'Éclair-Coutant 16 millimètres à l'épaule passait « de la démarche collective à caractère ethnologique [...] à la démarche individuelle, c'est-à-dire à n'importe quoi », écrit Richard Martineau (dans *La Chasse à l'éléphant*).

Il était inévitable que, dans ce contexte, Lauzon soit matraqué par les videurs de l'industrie de la pensée. Ainsi, le Montréal d'*Un Zoo la nuit* n'est-il que :

> ... une de ces mégapoles américaines toutes luisantes de merde sous les néons et les feux de poubelle des sans-abri. [...] De tous les personnages, le moins bête est l'éléphant*. Ce noble animal symbolise certainement, dans l'esprit de l'auteur, la mémoire, c'est-à-dire le génie, l'invention, l'intelligence, l'humanité. C'est pourquoi, *horresco referens*, on l'abattra.
>
> Jean Larose,
> *L'Amour du pauvre.*

Oserais-je suggérer que, à la condition de descendre pendant un court instant de la montagne, il est facile de se rendre compte que, oui, Montréal est bel et bien devenue une cité *toute luisante de merde sous les néons et les feux de poubelle des sans-abri*. Ces derniers, trompés par un État empêtré dans ses chimériques desseins providentiels, piétinés par un patro-

---

* Sans lien de parenté avec celui de Martineau. (*N. de l'A.*)

nat insensible et quotidiennement aux prises avec le pachydermique problème de trouver à bouffer, n'ont guère le loisir de s'adonner en frémissant à la lecture commentée des *Bucoliques* de Virgile.

8

La civilisation
de l'image

« Il faut arrêter de croire que la solution à
nos problèmes se trouve nécessairement
dans les vieux modèles. [...] Le mot écrit
n'est plus le canal d'accès privilégié à la
connaissance. L'image a supplanté l'écri-
ture. Peut-on indéfiniment refuser cette
réalité incontournable ? [...] Je pense qu'il
est possible qu'on assiste à la naissance
d'une nouvelle forme d'alphabétisme, une
sorte de langage de l'image », dit Leonard
Steinhorn, ex-professeur à l'American
University de Washington et collaborateur
au *Washington Post* (dans *L'Actualité*, août
1992).

Nous sommes entrés dans la civilisation de l'image, c'est un lieu commun que
de le dire.

L'image est l'arme ultime de la prise en main de la culture par la majorité.

Elle est en même temps le terrain privilégié de l'utilisation de la science pour le bien commun, ainsi que le produit des outils technologiques les plus sophistiqués. Du satellite à l'ordinateur en passant par la fibre optique, le laser et la domestication des ondes, ceux-ci trouvent leur réalité palpable dans l'écran cathodique.

Bien que cette technologie soit universellement répandue, le *software* soudant la civilisation de l'image est essentiellement américain.

« Une partie de l'américanisation mondiale, culture de l'image, culture populaire, culture des libertés individuelles, est un appui à tous ceux qui, dans un modèle de culture verticale, ont été condamnés à être les récipiendaires passifs de la culture officielle ou encore d'en être totalement privés. [...] Les deux cultures ne se complètent pas, elles s'antagonisent », écrit Gilles Thérien.

La télévision échappe en effet quasi totalement au contrôle de la bourgeoisie des idées, dépossédée en trois temps de tout ce qui fondait son pouvoir.

Un : son contrôle des duchés nationaux dont la télévision ne respecte absolument pas les frontières, comme l'a abondamment prouvé le rôle que la télé a joué dans la chute des dictatures de l'Est ainsi que lors des événements de la Place Tian An Men, en Chine, au printemps 1989.

Deux : la mainmise qu'elle était en mesure d'exercer sur la plus grande partie des véhicules culturels traditionnels. La dynamique propre à la télé force même les réseaux contrôlés par l'appareil étatico-bureaucratique à fonctionner en marge des diktats du complexe intello-universitaire.

Trois : sa maîtrise des mots, dont on a vu le potentiel guerrier, subitement déclassés dans la circulation de la culture et de l'information.

Notons au passage que le tandem science-technologie n'est pas pour la caste des idées le moindre épouvantail. « Les intellectuels sont ignorants : ils sont complètement coupés de la connaissance scientifique, laquelle représente 98 pour cent du savoir humain », me disait l'essayiste Guy Sorman en avril 1990.

Bref, il s'agit d'un mélange explosif : mondialisation, démocratisation, science et technologie, prédominance des États-Unis, privation des leviers d'exercice du pouvoir...

On comprend pourquoi la télévision est à ce point détestée par la caste des idées qu'elle se trouve continuellement à bout de souffle dans sa hâte de la vilipender, à court de mots (c'est le cas de le dire) pour la flétrir. Ce qui, accessoirement, est la preuve d'un souverain mépris envers les artisans de la télé, ainsi réduits au rang de sous-hommes idiots, pervers et malfaisants.

Je suis frappé par la collision quotidienne entre la haute technologie de l'audiovisuel et la bêtise qu'il dispense. [...] Dans quelques années, on aura les masses qu'on a voulues, molles, machinales, vidées de toute idée, vacillant au moindre coup de torchon. Jamais le téléspectateur n'a autant été désinvertébré.

Michel Lemieux,
L'Affreuse télévision,
citant *L'Événement du jeudi*,
7 septembre 1989.

La télévision est le sida de notre société. Comme la maladie, elle tue nos cellules vivantes et diffuse son microbe d'une manière tellement insidieuse qu'il est impossible de l'endiguer. [...] Elle orchestre la décadence de notre société.

Anne Bragance, romancière,
L'Événement du jeudi,
14 mai 1992.

NBC* est coupable de cette mythification idiote et traîtresse. [...] La manipulation nationaliste, [...] le pathos à l'eau de rose que nous sert tous les soirs cette supposée *grande chaîne de télé*, tiennent des pires romans-fleuves, de la plus abjecte propagande et du plus flagrant ethnocentrisme qu'on puisse voir au petit écran.

Maurice Tourigny,
Le Devoir, 6 août 1992.

---

* National Broadcasting Corporation, un réseau américain, bien sûr. (*N. de l'A.*)

La télévision contre la pensée. [...] La télé c'est la mort de la complexité. C'est la simplification et le sensationnalisme. [...] Une petite phrase de Neil Postman à méditer : *La meilleure chose que l'on puisse faire avec son téléviseur [...], c'est de l'ouvrir sur un poste vide de visuel et de s'en servir comme une lampe de table pour lire un bon livre à sa lumière.*

Paul Warren,
professeur de cinéma,
Voir, 20 mai 1993.

Mollesse, amputation des vertèbres, maladie, microbe, sida, mort, bêtise, absence d'idées, idiotie, abjection, torchon, trahison, décadence, mythification, manipulation, propagande, simplification, sensationnalisme, pathos, eau de rose... Rarement peut-on contempler, concentrée en si peu d'espace, une telle expression de rage haineuse épuisant à ce point les ressources du dictionnaire des synonymes et échappant aussi dangereusement à l'emprise de la raison.

Oserais-je signaler que Paul Warren — histoire de bien voir où il se situe — accoucha en 1989 d'un ouvrage, *Le Secret du star system américain,* dans lequel il expliquait que la technique du *reaction shot* (la mise en évidence de la réponse à l'action de la part des protagonistes d'un film) constitue l'un des piliers du cinéma américain et est en soi :

...une technique *fascinante* mais *fascisante,* relais pernicieux qui installe confortablement les mythes américains (et qui nous ramène) au cœur d'une œuvre de la période nazie, à savoir le célèbre *Triomphe de la volonté* de Leni Riefenstahl. Triomphe de la volonté certes, clame l'auteur, mais surtout et avant tout triomphe du *reaction shot : L'Allemagne nazie toute entière est réduite à une réaction unique et monstrueuse à l'acteur unique, Adolf Hitler...*

Denise Pérusse,
Université de Montréal, *Cinémas*,
automne 1990,
recensant *Le Secret du star system.*

... Ce qui peut être vu comme une tentative modérément subtile d'associer Hitler aux États-Unis, d'accoler le fascisme à l'Amérique, jeu de l'esprit du niveau de la maternelle auquel se livrent depuis des décennies des classes entières de petits penseurs dissipés que l'on aurait bien envie, juste une fois, de mettre à genoux dans le coin.

Quoi qu'il en soit, les vociférateurs convulsionnaires brûlent ainsi leurs énergies en pure perte, puisqu'il ne manque pas de motifs réels pouvant être intelligemment et calmement évoqués pour faire la critique de la télévision.

D'abord, prise globalement, la télé est le plus fidèle reflet de la société dans ce qu'elle a de meilleur et de pire.

La télé américaine, par conséquent, fréquente assidûment ces deux extrêmes, tout comme la société dont elle fait la chronique et à laquelle elle est d'abord destinée. Croire que l'un puisse exister sans l'autre relève de la pensée magique. Espérer qu'il soit possible de contraindre un aussi gigantesque système de circulation de la culture et de l'information à n'accoucher que de chefs-d'œuvre est incompatible avec tout ce que les siècles nous ont appris sur la nature humaine et sur la façon dont l'homme crée, communique et sur la façon dont il se comporte en société.

Ensuite, la télé est jeune — sa version « moderne » date de dix ans à peine — et souffre de tous les problèmes de croissance historiquement constatables de n'importe quelle entreprise humaine dont la caractéristique principale est la nouveauté.

Dans *Canards du XIXᵉ siècle*, Jean-Pierre Seguin rappelle que la technologie naissante de l'imprimerie, qui propulsa l'Occident dans la civilisation de l'écrit, fit déferler dans les rues des feuilles qui n'étaient pas sans parenté avec les pires *reality shows* télévisuels d'aujourd'hui. Néanmoins, écrit-il, « l'imprimerie, dès son apparition, a puissamment contribué, en France, à la diffusion des nouvelles. [...] L'une des conditions essentielles de la naissance d'une véritable opinion publique se trouva ainsi remplie ».

La civilisation de l'écrit, cependant, était fondée sur l'inégalité des citoyens d'abord en tant que récepteurs de la chose écrite : il fallait bien évidemment avoir appris à lire, ce qui, pendant des siècles, n'a pas été le fait de la majorité. Et, plus encore, cela tombe sous le sens, elle est fondée sur l'inégalité des hommes en tant qu'émetteurs, les différents pouvoirs s'étant simultanément et/ou successivement débrouillés pour garder la main haute sur la circulation de l'information et de la culture.

J'ai envie d'ajouter (avec quelque perfidie, j'en conviens) que, lorsque la connaissance du langage écrit s'est répandue jusqu'au bas de l'échelle sociale il y a plus ou moins soixante-quinze ans (en Occident, bien sûr), la bourgeoisie des idées s'est mise à réfléchir à la façon de contrecarrer cette embêtante dissémination du savoir. Le problème était de taille, mais on a fini par trouver. À partir des années 1960, les réformes successives et autres destructions de l'éducation, planifiées par le complexe intello-universitaire et appliquées par son bras étatico-bureaucratique, ont presque réussi à faire régresser la société au stade de l'analphabétisme — dans une proportion exactement inverse à la quantité de traités pédagogiques publiés par nos doctes penseurs.

En prime, le bouc émissaire était attaché au poteau : la télévision.

C'est oublier que si la télé n'a pas pour responsabilité première d'apprendre à lire aux marmots, l'école, elle, n'existe *que* pour cela. Littéralement sabotée, elle n'y réussit plus. L'avènement de la civilisation de l'image n'implique pas nécessairement que l'on désapprenne à lire et à écrire. Il faudrait simplement que chacun s'occupe de ses oignons.

Retour à la télé.

Elle souffre donc de défauts de jeunesse. On ne niera pas qu'elle vive en outre un certain nombre de difficultés inhérentes à sa nature même. Enfin, en plus de nourrir consciencieusement toute cette ribambelle de problèmes, la télévision américaine (puisqu'au bout du compte, c'est toujours d'elle que l'on parle) en ajoute encore quelques-uns de son cru.

La télévision, sa variante américaine en particulier, est en effet grande dispensatrice d'images choquantes, de bruit inutile, de commerce envahissant, de banalité exaspérante, de spectacle superfétatoire et de malhonnêteté occasionnelle. Cependant, il faut n'avoir jamais vu de téléromans égyptiens, de variétés italiennes, de téléjournaux mexicains, d'émissions de jeunesse françaises ou de quizz... québécois pour continuer à proclamer qu'elle est la pire de la planète ! Outre les producteurs américains, les deux grands exportateurs mondiaux de ruban magnétoscopique préenregistré sont les groupes Globo (brésilien) et Televisa (mexicain) ; il est généralement reconnu que leurs produits seraient capables de faire passer *Dallas* pour une série destinée à des intellectuels tourmentés par les conséquences phéno-

ménologiques de la philosophie post-
kantienne.

Tout est dans tout

Dans un domaine bien précis et souvent
évoqué, il est clair que la télé livre une information rapide et condensée, comme il
lui revient de le faire — bien qu'il existe
aussi, surtout à l'antenne des télés américaine et britannique (elle-même largement
rediffusée par le réseau américain PBS) des
créneaux horaires où sont diffusés des
grands reportages et autres émissions d'affaires publiques n'ayant rien à envier aux
plus fières tartines de la presse écrite. Si la
bourgeoisie abandonnait de temps à autre
l'écoute de *The Price Is Right*, elle pourrait
le constater. Il reste qu'il appartient ensuite au citoyen curieux de compléter la
nouvelle télé (ou de s'abstenir de le faire,
c'est son choix) par la lecture des bons
vieux journaux dont le rôle, précisément,
est d'aller plus à fond dans l'examen de
l'actualité.

    La télé n'a pas détruit de *bonnes* sour-
ces de savoir pour les remplacer par de
mauvaises : elle a ajouté une nouvelle voix
au concert de l'information. Le tirage com-
biné des quatre quotidiens montréalais
excède toujours un demi-million d'exemplaires en semaine (un quart de million de
plus le samedi). Le nombre de Québécois
ne lisant aucun quotidien a encore diminué en 1992 par rapport à l'année précé-

dente (32,5 contre 32,9 pour 100) ; cette statistique chuterait sans doute davantage si la classe dominante faisait en sorte qu'à l'école, les jeunes apprennent à lire.

En outre, il y a des choses que seule l'information électronique est capable de réaliser sur une grande échelle. Cela est archiconnu, je sais bien, mais il semble qu'il soit tout de même utile de le rappeler.

Combien de Québécois ont appris l'existence du Proche-Orient de la bouche de René Lévesque, alors à la tribune de *Point de mire* ? Existe-t-il pour l'instant des sources d'information, même « pointue », plus flexibles et plus abordables que le magnétoscope ou le CD-ROM ? Quelle autre technologie que celle du caméscope (branché dans ce cas sur tous les grands réseaux) aurait pu faire d'un prolétaire noir, Rodney King, le symbole de la résurgence des luttes pour l'égalité raciale aux États-Unis ? Sait-on à ce sujet que l'affaire King est aux États-Unis la deuxième grande victoire du caméscope sur le pouvoir policier ? Le 30 juin 1988, en effet, un enregistrement vidéo montrant six policiers battant cinq Mexicains à Victorville, près de Los Angeles, fit condamner les forces de l'ordre à un million de dollars de dommages par la Cour fédérale. Sait-on que les chaînes musicales (MTV aux États-Unis et MusiquePlus au Québec), symboles absolus de la déchéance télévisuelle, sont en train d'inventer des formes radicalement nouvelles de transmission de l'information et de la culture pendant que l'aristocratie de l'esprit vomit sur elles ? S'est-on rendu compte que, pendant long-temps, l'émission *Fax* de MusiquePlus fut le seul créneau d'information culturelle quotidienne à la télévision québécoise ?

Et encore cette problématique ne concerne-t-elle la télé que sous l'angle de l'information au sens strict.

On ne tient pas compte du fait — assez mal compris, il est vrai, par les intellectuels dont le travail serait précisément de déco-der ce qu'il advient de neuf au pied de leurs tours d'ivoire — que tout, dans la télé, est en même temps information et divertissement, culture et jeu, important et anodin, grave et futile. Actuellement et plus encore dans l'avenir, la lucarne s'adresse et s'adressera à l'homme pris dans sa globalité. L'électron est, comme l'être humain, indivisible en tranches. Il y a de la bêtise dans *Bouillon de culture*. On trouve du génie dans le *Cosby Show*.

À la télé, tout est dans tout, comme dans la vraie vie.

Le petit écran, moteur de la révolution

En fait, on se demande de quelle maladie — celle de la rage chronique et impuis-sante ou celle de la vue courte — les cri-tiques bourgeois de la télévision souffrent le plus.

La première pathologie pourrait être diagnostiquée si l'on confirmait l'existence chez eux de symptômes similaires à ceux qui sévissaient dans les rangs du pouvoir lorsque l'imprimé a commencé à secouer vigoureusement le cocotier du cartel intello-religieux et des élites politiques des siècles passés. Dans *Notre-Dame de Paris*, Victor Hugo écrit :

L'archidiacre [...], promenant un regard triste du livre à l'église : — Hélas, dit-il, ceci tuera cela.

Et Napoléon Ier est réputé avoir laissé tomber :

L'encre tuera la société moderne...

De fait, l'un et l'autre avaient raison : la dictature religieuse s'est écroulée et la démocratie a remplacé les différentes formes de monarchie là où, bien sûr, on a laissé circuler les livres et les encriers. Aussi, les potentats culturels ne s'y trompent pas : c'est leur cage à eux que la télévision brasse à présent.

Cependant, l'existence d'un problème de vision n'est pas improbable non plus si l'on tient compte des antécédents ophtalmologiques inquiétants des élites intellectuelles. Ce problème est de taille, on le comprend, lorsqu'il est question de télé... Souffrant peut-être encore une fois de strabisme, elles rivent leur regard sur l'accessoire, le contenu au jour le jour de la télé, et ne voient pas l'essentiel, c'est-à-dire la révolution — il serait plus juste de dire : les révolutions — nées de son existence même et de celle de ses périphériques.

Il faut aborder ici sous un autre angle
l'abolition de l'espace et du temps déclenchée par la révolution culturelle américaine.

Il est patent qu'à ce jour l'événement
le plus déterminant dans l'histoire de
l'humanité — hormis, peut-être, l'invention des *Garfield* à plaquer sur les glaces
latérales des automobiles — aura été
l'émergence d'une véritable conscience
planétaire. Cela est survenu à 21 heures 56,
heure de Houston, le 21 juillet 1969. À cet
instant, l'écran cathodique nous a montré
Neil Armstrong posant le pied sur la lune
et levant les yeux vers la terre, notre planète.

« On veut pas le savoir, on veut le
voir ! », disait Yvon Deschamps dans *Cable
TV*.

Et l'on vit.

L'homme de la rue fut instantanément
plongé dans l'infinité du cosmos et l'éternité de la matière. Ce qui, jusque-là, n'était
que concepts abstraits manipulés par des
initiés devint réalité tangible pour la majorité. Ce ne sont pas d'abord les idées qui
ont fait naître les grands mouvements pacifistes et écologiques de l'ère moderne.
C'est, en même temps que l'émergence de
la contre-culture rock, la vision de la terre
sur un écran de télé, minuscule boule vul-
nérable et unique lieu de survie.

Vous aurez du mal à le croire mais,
vingt ans plus tard, les Américains ont eu
la grossièreté, la vanité et l'outrecuidance

de réaliser un film documentaire (*For All Mankind*, Al Reinert, 1990) sur l'épopée d'Apollo XI ! Heureusement pour le bien de la galaxie, il se trouva quelqu'un, au Québec, pour les ramener à un peu d'humilité. Prenant appui sur la déclaration de John Fitzgerald Kennedy à l'effet que le programme Apollo pourrait être bénéfique pour toute l'humanité, cette courageuse harangue put se lire ainsi :

> En d'autres termes, nous entreprenons la conquête de l'espace à des fins humanistes, n'y voyez aucun signe d'impérialisme américain (mais) vous pensez bien que le premier geste de nos terriens débarquant sur la lune sera d'y planter le drapeau américain. (Ces images sont commentées avec) cet esprit à la fois naïvement bon enfant et tellement persuadé de sa supériorité qui caractérise l'Américain moyen...

> Francine Laurendeau,
> *Le Devoir*, 1er mai 1993.

Or le fait est que, comme l'avait annoncé Kennedy, Apollo XI a bel et bien été bénéfique pour l'humanité et ne l'aurait pas été davantage si Armstrong avait planté dans le sol lunaire le drapeau de Monaco, rendant ainsi hommage à l'incontestable supériorité de la sympathique principauté en matière d'astronautique... Le plus charitable commentaire que l'on puisse faire sur cette sortie du *Devoir* est qu'elle rappelle l'historique « Que Staline se le tienne pour dit ! », phrase célèbre dans les annales du journalisme québécois et dont on ne sait plus très bien si elle fut véritablement décochée par la plume sans complexe d'un éditorialiste ou inventée pour servir de *running gag* dans les salles de rédaction.

Cependant, ce même jour de juillet 1969 et pour la première fois aussi, une information capitale parvint aux citoyens (aux États-Unis seulement, 29,4 millions de familles se trouvaient devant leur téléviseur) sous sa forme brute, directe et instantanée, sans le concours ni d'un messager, ni d'un analyste. Apollo XI préfigurait *Cable News Network* (CNN), cette chaîne entrée en ondes le 19 juin 1989 dans le but d'offrir un produit aussi différent de la télévision conventionnelle que l'ordinateur l'est de la machine à coudre.

La chaîne CNN fut d'abord baptisée ironiquement le « Chicken Noodle Network » par la bourgeoisie de la finance, qui prévoyait son effondrement à court terme. Selon un scénario connu, celle-ci était convaincue que le public, stupide et ignare comme chacun sait, ne manifesterait pas envers une chaîne diffusant strictement de l'information un intérêt suffisant pour assurer sa survie.

Cela s'étant révélé faux, une autre caste bourgeoise, celle des idées, décida de se charger de CNN. Si la télévision est, on l'a vu, cordialement détestée par l'aristocratie de l'esprit, on devinera facilement que le réseau CNN soit voué aux gémonies par les idéologues — et par un certain nombre de journalistes. Il est trop facile de comprendre en effet qu'il s'agit là d'une forme radicalement nouvelle de diffusion de l'information, d'un nouveau canal d'accès aux faits en forme de court-circuit : l'image brute, directe et instantanée se passe pour l'essentiel de journalistes — les messagers — et de l'*establishment* des idées — les analystes.

Catastrophique.

Aussi, l'activité de CNN est-elle commentée sur le ton de la catastrophe.

Depuis l'ouverture de la tête de réseau de ce diffuseur, à Atlanta, on aura remarqué que l'attention des autres médias s'est pour une part non négligeable désintéressée de l'événement à couvrir pour se concentrer sur le travail fait sur le terrain et en ondes par CNN ! Ce qui confine parfois à une narcissique absurdité.

Même le profane s'en sera rendu compte dans le contexte, par exemple, de la guerre du Golfe. N'eût été de cet autre sage patenté, René Dumont, qui s'appuya noblement sur les tables de la loi pour rendre un verdict russellien contre :

> ... George Bush *guilty*, coupable de crime de guerre dans le conflit en Irak...
>
> préface de *Apocalypse, mode d'emploi*, Muriel Grimaldi et Patrick Chapelle.

... Il aurait presque été possible d'oublier les noms mêmes des chefs-belligérants tant les ennemis à pourfendre furent présentés comme étant les organes d'information en général, et *Cable News Network* en particulier.

Évidemment, les journalistes américains eux-mêmes commencèrent la séance d'auto-flagellation et un bouquin acide, *Second Front/Censorship and Propaganda in the Gulf War* (de John R. MacArthur), se chargea de hacher menu tout ce qui avait grouillé derrière les caméras plantées dans le sable du désert. Ce qui lui valut d'être positivement recensé par les grands organes américains d'information.

Après cela, tout le monde suivit.

Un bouquin regroupant des textes journalistiques publié par *Le Monde diplomatique* (bien sûr), intitulé *Médias, mensonges et démocratie* (évidemment), fut toutes affaires cessantes recensé élogieusement (forcément) dans les deux périodiques spécialisés s'adressant aux scribes du Québec.

> Le complexe, le non-dit, ou ce qui ne se révèle que lentement, a de moins en moins de chances d'être médiatisé que le dramatique et le dramatisé. La télé imposerait ses critères à la presse écrite, c'est-à-dire le goût de la fiction, la passion du spectacle, le culte de l'émotion, l'amour du divertissement.
>
> Paul Cauchon, *Le 30*, juin 1992.

> On s'intéresse à la *mise en spectacle des informations* à partir de l'expérience de la chaîne de télévision CNN. [...] Qui sont donc ces manipulateurs ? Martin A. Lee nous dit qu'il existe désormais un

complexe militaro-industriel-médiatique aux États-Unis.

Luc Rufiange, *La Dépêche*,
mai/juin 1992.

Après cela, le moment est venu, je crois, de faire une pause. Puis de tourner notre attention vers le GCMA, le Grand Complot Médiatique Américain.

9

La fabrication
du consentement

Si les lois de Nuremberg avaient été
appliquées, on aurait pendu tous les
présidents (américains) depuis 1945. [...]
L'attitude des gens sensés, raisonnables
et tolérants dans notre société est plus
terrifiante qu'Hitler. (Le système) profère
des mensonges qui auraient fait frémir
Staline !

Noam Chomsky, *Manufacturing
Consent : Noam Chomsky and the
Media*, Mark Achbar et Peter Wintonick,
ONF, 1992.

Noam Chomsky représente le proto-
type de l'intellectuel médiatique. Une
sorte de Jean Larose qui aurait troqué son
amour du pauvre pour une relation
d'amour-haine avec les grosses caisses de

l'information planétaire : l'homme a en effet accédé au statut de vedette de l'édition,
du cinéma, de la radio et de la télévision en
pourfendant les médias occidentaux, surtout américains, acoquinés, sous supervi-
sion du complexe militaro-industriel, dans
ce qu'il est convenu d'appeler le Grand
Complot Médiatique Américain.

Le *pattern*, infiniment remâché mais
cependant toujours populaire, est celui,
par exemple, qui a inspiré le film *JFK* :
Oliver Stone, on s'en souvient, y impute
l'assassinat de Kennedy à une conspiration
impliquant tout ce qui grouille aux États-
Unis, CIA, FBI, polices locale et régionale,
armée, manufacturiers d'armes, *New York
Times*, médecins de Dallas, réfugiés cubains et groupuscules d'extrême-droite
(l'exception étant l'Association des éle-
veurs de poulet du Kentucky, restée sagement en dehors de tout cela). De sem-
blables thèses ont été échafaudées pour
expliquer la mort de Martin Luther King
(CIA, FBI, policiers et pompiers de Mem-
phis, police de la route du Tennessee). De
Marilyn Monroe (CIA, FBI, *majors* holly-
woodiens, famille Kennedy). Et probablement du dépanneur pakistanais tenant
boutique à l'angle de Broadway et de la 34e
Rue à New York — le film sera bientôt à
l'affiche sur les meilleurs écrans.

Chomsky, lui, meuble son GCMA avec
les géants américains de l'industrie du
cinéma, les mille huit cent quotidiens, les
onze mille périodiques, les onze mille

radiodiffuseurs, les deux mille télédiffuseurs et les deux mille cinq cents éditeurs de livres propageant le mal aux États-Unis.

Or, c'est aux heures de grande écoute et sur les grands réseaux de télé, ou dans les pages du *New York Times*, ou dans les meilleures librairies en ville... (« C'est vrai », dit l'homme avec une moue de coquetterie, « j'ai refusé plusieurs fois des invitations à l'émission *Nightline* » de Ted Koppel) ... c'est sur le bras de ces médias honnis, donc, qu'il arrive à Chomsky de lancer :

> Les sociétés de presse excluent, marginalisent, éliminent les voix, les points de vue dissidents parce qu'ils font du tort à l'institution...

Brave dissident, va, qui dit encore :

> Les mass média sont destinés au père Tartempion : leur but est d'abrutir les gens.

A priori, on serait porté à croire que le plus fascinant dans l'affaire Chomsky est que lui-même constitue la preuve vivante de l'exact contraire de ce qu'il professe et prétend démontrer.

Chomsky est, littéralement, une vedette fabriquée par les médias.

Né en 1928, il connut d'abord la notoriété au sein du complexe intello-universitaire en accouchant en 1957 d'une œuvre qualifiée de magistrale, *Les Structures syntaxiques*, portant sur le processus d'acquisition des connaissances — et plus spécifiquement du langage — chez l'espèce humaine.

C'est cependant sur le terrain politique qu'il devint un gourou médiatique. Il se débrouilla d'abord pour se faire coffrer lors d'une manifestation contre la guerre au Viêt-nam — ce qui était à une époque relativement facile — puis en fit un livre, *Bain de sang,* pour développer enfin sa théorie sur le rôle des médias occidentaux dans la *fabrication du consentement.*

C'est-à-dire la propagande.

Dès ce moment, le *New York Times* le consacra comme étant « l'intellectuel vivant le plus important ». Au palmarès des arts et des lettres, il occupe depuis ce temps le panthéon, indique une étude (américaine), en compagnie de Marx, Lénine, Shakespeare, Aristote, Platon et Freud. On affirme qu'il est en Amérique l'intellectuel le plus cité. Le cahier de presse distribué aux journalistes invités au visionnement du film de l'ONF recense six prix que l'œuvre a remportés dans de prestigieux festivals de cinéma, ainsi que des dizaines de critiques élogieuses récoltées en Europe et en Amérique.

En clair, Noam Chomsky est devenu le pape incontesté de l'antiaméricanisme, la fumée blanche s'échappant au-dessus du vatican du délire idéologique ayant signalé son élection au poste laissé vacant par Jean-Paul Sartre. L'homme est en même temps le porte-parole officiel de l'*establishment* bourgeois dominant la communauté médiatique. Plus significatif encore, les médias forment aujourd'hui la *seule* tribune où il soit encore pris au sérieux.

Paul Johnson écrit : « Aux alentours de 1985, l'attention de Chomsky se détourna du Viêt-nam pour se porter sur le Nicaragua. Mais il était allé trop loin pour qu'on soit encore tenté de discuter avec lui sérieusement. [...] Il semble se produire dans la vie de nombreux intellectuels millénaristes un sinistre cataclysme, une sorte de ménopause cérébrale que l'on pourrait appeler la déroute de la raison. »

Chomsky perdit en effet une bonne partie de sa crédibilité, raconte l'auteur, lorsqu'il émit un certain nombre de théories inquiétantes au sujet des conflits armés survenus dans le Sud-Est asiatique, allant jusqu'à réécrire l'histoire du génocide perpétré par les Khmers rouges dans sa volonté d'imputer aux États-Unis la responsabilité de la plus grande part des massacres survenus au Cambodge. C'est la position qu'il continue de soutenir dans *Manufacturing Consent : Noam Chomsky and the Media.* Il est d'ailleurs étrange que ce passage du film n'ait pas été relevé par la bourgeoisie médiatique. On sait quel raffut ont causé, en France et au Canada, les discours de ces curieux personnages s'employant à donner de nouvelles versions de l'holocauste juif.

Plus étrange encore est le fait qu'aucun des thuriféraires chomskyens n'ait songé à remonter jusqu'aux textes divins — alors qu'il est question ici des grands principes régissant le travail d'information ! — en consultant, par exemple, un récent pamphlet de l'universitaire, *Media Control/The Spectacular Achievement of Propaganda* (1991). Ils auraient ainsi pu constater que cette prose est plutôt navrante dans sa forme, d'un niveau intellectuel décevant quant au fond, à telle enseigne qu'on en sort avec l'impression que Chomsky est, au sein de la cohorte occupée à accabler sans relâche l'empire yankee — et en le jugeant selon les critères mêmes de l'idéologie « dissidente » — le plus mauvais défenseur de la cause antiaméricaine.

En comparaison, Claude Julien est une sorte de génie.

Guy Debord également. Ses théories à lui, développées en 1967 dans *La Société du spectacle*, entretiennent d'ailleurs une parenté évidente avec celles de Chomsky — ou vice-versa — puisqu'elles font référence à une sorte de complot universel exerçant son pouvoir par le biais des médias. À ceci près que Debord situe en France et en Italie le centre de ce système du « spectaculaire intégré ». Comme Chomsky, Debord est persuadé d'être un dissident pourchassé, ou à tout le moins ignoré, bien que son œuvre ait été traduite et rééditée à répétition — dont au moins douze fois en France ! Persuadé aussi de son inégalable génie :

> À vrai dire, je crois qu'il n'existe personne au monde qui soit capable de s'intéresser à mon livre, en dehors de ceux qui sont ennemis de l'ordre social existant. [...] Je me flatte d'être un très

rare exemple contemporain de quelqu'un qui a écrit sans être tout de suite démenti par l'événement (et) je ne doute pas que la confirmation que rencontrent toutes mes thèses ne doive continuer jusqu'à la fin du siècle, et même au-delà.

Préface à la quatrième édition italienne de *La Société du spectacle*.

Amen...

Que Chomsky — un homme apparemment un peu plus modeste — s'obstine à se voir lui-même comme un dissident pourchassé et occulté par le système, en particulier par le système médiatique, dépasse littéralement l'entendement.

Mais ce qui est encore infiniment plus mystérieux — à ce point, en réalité, que cela a plus à voir avec le délire hallucinatoire qu'avec la transmission de l'information —, c'est l'accueil que continuent de lui réserver les médias en général et, pour ce qui nous occupe, les médias canadiens et québécois en particulier.

Que l'Office national du film du Canada, avec la participation de Téléfilm Canada, ait autorisé le tournage d'un documentaire sur ce curieux personnage, passe encore : on a déjà vu ces organismes publics se livrer à des débauches de pellicule encore plus bizarres et, de surcroît, il est sain que tous les points de vue aient droit de cité — jusques et y compris les plus tordus.

En outre, il est exact que le phénomène Chomsky est, en un sens, fascinant : c'est ce que je tente de démontrer ici.

Lorsque l'œuvre de l'ONF parvint sur les écrans montréalais, en novembre 1992, elle fut en quelques semaines l'objet de quatre articles de fond dans *Le Devoir*, deux de ceux-là faisant la critique (pour ainsi dire, ces papiers étant d'un à-plat-ventrisme total) de *Manufacturing Consent*, traitement royal que je ne me souviens guère avoir vu dans quelque quotidien au sujet de quelque autre film que ce soit — pas même pour *Rambo*! Quant aux deux autres articles, ils occupèrent la totalité d'une page-cahier de l'édition du 29 mars 1993. À ma connaissance, Chomsky fut au cours de la même période cité avec dévotion à au moins deux reprises par des chroniqueurs vedettes logeant en page éditoriale du prestigieux quotidien. Par exemple :

> Chomsky démontre calmement, inlassablement, d'une tribune à l'autre, les formes subtiles et sournoise d'enfermement idéologique dont sont responsables les médias qui, par leur poids et leurs liens économiques, concourent à la fabrication de l'opinion dominante et font taire les opinions divergentes.
>
> Ariane Émond,
> 6 janvier 1993.

Parler du silence imposé aux *opinions divergentes* dans le contexte que nous sommes en train de décrire ne manque pas de piquant! Car, bien entendu, les autres médias montréalais traitèrent aussi, et sur le même ton, de la sortie en salle de *Manufacturing Consent : Noam Chomsky and the Media.* Le concert fut brillant et sans fausses notes. Mais il reste que le championnat toutes catégories de la courbette verbo-motrice alla sans conteste au *Devoir* :

> Ce film entre comme un coin dans le chêne de l'*industrie* de l'information, incapable de se distancer des idées reçues — n'est-ce pas Claude Julien* qui parle de l'information victime des *marchands* ? [...] La presse qui donne le ton, aux États-Unis, s'enferme fréquemment dans un créneau qui empêche le citoyen ordinaire de s'informer.
>
> Clément Trudel,
> 7 novembre 1992.

> Après une éclipse de quelques mois, un documentaire brillant reprend l'affiche au Parallèle. (Il traite de) la censure et l'auto-censure des médias américains. [...] Ce sujet délicat, tabou souvent, lourd de questionnements et fascinant de la censure des médias se retrouve au centre de cet extraordinaire portrait filmé...
>
> Odile Tremblay,
> 18 avril 1993.

> Chomsky, comme la plupart des grands novateurs de l'histoire des sciences, réfléchit constamment sur sa discipline et sa pratique de chercheur. [...] Il réfute complètement l'idée que la connaissance et la science naissent de l'observation des faits.
>
> Normand Baillargeon,
> 29 mars 1993.

* Tiens, tiens ! (*N. de l'A.*)

Noam Chomsky, si j'ai bien lu, s'érige en expert de la chose médiatique tout en *réfutant complètement l'idée que la connaissance naît de l'observation des faits!*

Je crains qu'à cela, on ne puisse rien ajouter.

10

La fabrication de la dissidence

Je suis *honteux* d'être américain et de voir ce qu'on fait à mes frères humains. [...] Tout à l'heure, vous parliez du cinéma qui reflète l'art et la culture, une question m'est tout de suite venue à l'esprit : quelle culture ? Il n'y a pas de foutue culture dans ce pays...

Lawrence Grobel,
Conversations avec Marlon Brando,
citant Marlon Brando.

Marlon Brando n'est pas fou.

Ce monstre sacré du cinéma, cette créature chérie du plus capitaliste système médiatico-culturel des États-Unis, sait sûrement mieux que quiconque ce qu'il convient de penser et surtout de clamer haut et fort pour mettre *à gauche*, c'est le cas de le dire, un capital sympathie encaissable auprès de la bourgeoisie des idées. Le dit capital venant bien sûr en excédent des faramineux cachets en dollars US que les *majors* lui versent avec une diligence directement proportionnelle à la hargne qu'il manifeste à l'endroit de l'industrie et de la culture qui le nourrissent.

Après cela, on hausse presque les épaules en entendant un autre apôtre de la contestation *jet set*, Michael Douglas, présent au Festival de Cannes dans le but de faire mousser la publicité du film *Falling Down* (Joel Schumacher, 1993), y aller de son petit couplet pour épater la galerie :

> Je suis fier de faire partie d'un film controversé, à une époque où il est difficile de dire des choses.

> Agence France Presse,
> *La Presse*, 23 mai 1993.

Cette époque où *il est difficile de dire des choses* est bel et bien celle où, écrit Serge Dussault (dans *La Presse*, 1er mai 1993), « en politique, on croyait les cinéastes américains revenus de tout. On se trompait. Le feu couvait sous la cendre. D'abord Oliver Stone reprend l'affaire Kennedy et pointe du doigt de nouveaux coupables. Ensuite Tim Robbins se moque de l'*american dream* et des politiciens faux cul. Puis Eddie Murphy rigole des combines et des magouilles politiciennes. Et voilà qu'Ivan Reitman [...] entre dans la danse avec *Dave* [...], qui s'en prend au cynisme des politiciens. (De sorte que) on se dirait revenus aux années trente, à l'esprit du *New Deal* rooseveltien et aux célèbres films de Frank Capra » !

En fait, on contemple ici la machinerie d'une autre entreprise typiquement américaine, une activité économique plus intense et plus profitable encore que ne l'est l'empire cinématographique yankee : il s'agit de l'industrie vouée à la *fabrication de la dissidence.*

Celle-ci fonctionne depuis plus de trente ans à plein régime et possède l'incommensurable qualité de vraiment exister. Contrairement à cette autre que nous avons pu observer au chapitre précédent et dont les seules réalisations vérifiables auront été de propulser vers la gloire un intellectuel formidablement habile dans la manipulation des médias et de secouer les puces informatiques de quelques journalistes projetés à côté de leurs pompes par l'aubaine de la « dissidence » à bon marché.

Le conglomérat d'entreprises américaines essentiellement consacrées à la contestation sous toutes ses formes manufacture en effet un produit dûment approuvé par les institutions politiques, juridiques et économiques des États-Unis. Et ce, en dépit du fait qu'il est principalement utilisé pour torpiller la société qui le fabrique puisqu'il constitue la nourriture première de l'antiaméricanisme.

La dissidence américaine est aussi un

produit dont la diversité, la qualité et le degré de pénétration demeurent uniques au monde malgré toutes les tentatives de piratage et de plagiat faites ailleurs en Occident.

En 1989, Michael Moore a réalisé le très perfide documentaire *Roger & Me,* un pamphlet au vitriol dirigé contre General Motors et son président Roger Smith. Le film a encaissé les plus fortes recettes de tous les temps pour un documentaire aux États-Unis. En 1992, Moore a été repêché par un *major*, la Warner Brothers.

En 1992 aussi, la grosse machine hollywoodienne a gratifié d'un oscar le documentaire *The Panama Deception* (Barbara Trent, 1992), destiné à faire la preuve de la barbarie de l'intervention américaine à Panama, en décembre 1989.

Dans *JFK,* on l'a vu, Oliver Stone s'en prend en bloc à toutes les institutions de son pays. Or, on a bel et bien censuré son montage initial, l'amputant de 17 minutes, dans le but de... ne pas nuire à sa fragile mécanique conjuratoire, ce qui aurait pu miner le succès de son film ! La sortie de la version non expurgée de *JFK* en vidéocassette (sous l'appellation de *The Director's Cut*) permit de le vérifier : dans trois scènes, Jim Garrison, le Don Quichotte de l'affaire Kennedy, apparaît comme particulièrement débile... « Du coup, Garrison passe pour un devin, et son metteur en scène pour un fou. Là où la version originale marchait sur une corde raide, la nouvelle glisse sur un montage précaire et des preuves discutables ». écrit Georges Privet (dans *Voir,* 11 février 1993)... Prudemment amputé, *JFK* a rapporté 196,5 millions de dollars !

La tragédie du 22 novembre 1963 a d'ailleurs donné naissance à l'une des filiales les plus productives de l'industrie de la dissidence.

Le *JFK Assassination Information Center* vend des autocollants, des T-shirts et autres gadgets destinés à la clientèle des *conspiracy buffs.* Ceux-ci peuvent également participer aux congrès tenus annuellement à Dallas, occasions idéales pour obtenir des autographes des « témoins » du complot régulièrement invités comme orateurs. De retour à la maison, il leur est possible de se détendre en feuilletant l'un ou l'autre des quelque deux cents livres, dont plusieurs *best-sellers,* qui ont à ce jour été publiés sur l'assassinat du président et qui soutiennent la théorie de la conspiration ; à l'automne 1993 seulement, neuf nouveaux produits de ce type ont été déversés sur le marché américain !

Signalons pour mémoire l'existence d'une œuvre — une seule — pour le moins originale, que quelques marginaux réfractaires au discours dominant pourront peut-être prendre plaisir à consulter. *Case Closed,* de Gerald Posner (Random House, 1993), fait un examen scrupuleux des pièces versées depuis trente ans au dossier, défait une à une les « preuves » du complot et se propose de démontrer l'impensable : Kennedy aurait été assassiné par un hurluberlu...

Case Closed n'est évidemment pas à mettre entre toutes les mains.

Une puissance autocritique

Que cette forme d'activité économique, la fabrication de la dissidence, s'épanouisse dans des domaines aussi éloignés du journalisme au sens strict ainsi qu'à ce point dépendants des forces de l'argent, selon l'expression consacrée, que le sont les industries du disque (on l'a vu) et du cinéma, en dit long sur le degré de légitimité dont elle jouit.

Quant à eux, les médias d'information même les plus conservateurs doivent, bien évidemment, sous peine de banqueroute, y sacrifier. Il n'est guère besoin d'aller plus loin que dans les pages du *Time* ou du *Newsweek* pour recenser *ad nauseam* les manchettes les plus noires accablant le système : présidence, Congrès, agences gouvernementales, institutions militaires, multinationales. Sous le titre *Les nouveaux marchands de la mort*, le *Sélection du Reader's Digest* (que personne ne soupçonnera d'être un pamphlet marxiste que des révolutionnaires barbus se passent sous le manteau au risque d'être épinglés par la CIA), publiait en avril 1993 :

Dans une vingtaine de pays sur quatre continents, [...] des millions d'enfants tombent dans le piège de la nicotine dressé par les fabricants de cigarettes américaines. [...] Et sans le concours du gouvernement américain, l'industrie du tabac n'aurait jamais pris pied dans certains pays. (Dorénavant) le lobby des fabricants de cigarettes aura ses entrées dans la nouvelle administration Clinton.

Inutile de préciser que les fabricants en question sont tous dûment identifiés et proprement crucifiés, que leurs activités extra-territoriales sont adéquatement localisées et précisément chiffrées.

Dernière caractéristique, on se trouve ici en présence d'un produit qui trouve son débouché naturel sur le marché international : la critique d'une puissance impériale *pratiquée de l'intérieur* sera peut-être aux yeux de l'histoire une des grandes contributions de l'Amérique au progrès de l'humanité.

« Toute l'éducation civique de l'homme blanc, depuis la cité grecque jusqu'à la nation moderne, tend à justifier les crimes contre l'humanité au nom de l'égoïsme sacré de la patrie. [...] Il n'y a jamais eu jusqu'à présent nulle part ni information exacte ni inculpation des responsables dans et par des pays coupables de crimes contre l'humanité, c'est-à-dire tous les pays sans exception », note Jean-François Revel (dans *Ni Marx ni Jésus*). Il conclut : « Les États-Unis sont la première exception. »

Dinesh D'Souza, un Américain d'origine indienne auteur de *Illiberal*

Education, ne parle pas autrement : « Historiquement, aucune autre puissance coloniale n'a avoué ses crimes et ses erreurs aussi ouvertement... » (Dans *Voir*, 6 mai 1993.)

Il est en effet facile de constater que, quelque grief que l'on formule — à tort ou à raison — contre quelque institution américaine que ce soit, les arguments pour le plaider proviendront dans la quasi-totalité des cas de sources elles-mêmes américaines, parfois précisément de l'institution que l'on attaque.

C'est lassant de le rappeler, je sais bien, mais l'opinion publique mondiale a été mise au fait du massacre de My Laï, au Viêt-nam, par les images publiées en première page du périodique *Life* et celles diffusées en *prime time* par les grandes chaînes américaines de télé.

À partir de là, le journalisme américain prit d'ailleurs une tangente marquée et définitive : la contestation des pouvoirs établis devint nettement une source de profit pour les institutions médiatiques, une course à la gloire pour les journalistes. Il est significatif que, depuis Kennedy, aucun des six présidents à avoir occupé la Maison-Blanche n'ait eu les faveurs de la presse ; Bill Clinton ne semble pas devoir faire beaucoup mieux. De fait, les médias, souvent assistés en cela par des commissions gouvernementales et autres comités sénatoriaux, se donnèrent définitivement comme rôle de prendre systématiquement en défaut les institutions américaines, particulièrement en matière de relations internationales.

C'est de cette façon que furent mis au jour le rôle de la CIA dans la chute du gouvernement de Salvador Allende au Chili, l'aide économique consentie par la Maison-Blanche au tyran corrompu Roberto d'Aubuisson au Salvador, le traficotage avec la guérilla révolutionnaire luttant contre la dictature de Daniel Ortega au Nicaragua. Après cela, et pour compléter son éducation, il est palpitant de voir trois films américains, *Missing* (Costa-Gavras, 1982), *Romero* (John Duigan, 1989) et *Underfire* (Roger Spottiswoode, 1983) dont chacun traite de l'un de ces dossiers chauds. Ces films sont construits de façon extrêmement manichéenne, on l'aura deviné. Avec, dans le rôle du méchant, c'est entendu, l'Amérique. Et dans celui du bon, cela va de soi, le révolutionnaire au bon cœur, pieds nus et sans ressources, qui n'a jamais de sa vie ne serait-ce qu'entraperçu un agent des services secrets cubains et ignore totalement ce qu'est une kalachnikov. Ces trois films, c'était couru, ont été acclamés par le public américain.

Le terrain des relations internationales est néanmoins un paradis, concédons-le, pour les antiaméricains viscéraux. Car les États-Unis ont constitué et constituent toujours la plus importante puissance impériale et néo-coloniale du xxe siècle.

En recourant à divers moyens, dont

plusieurs sont moralement indéfendables, ils ont tenté et réussi dans bien des cas à asseoir leur influence diplomatique, ainsi qu'à protéger leurs intérêts militaires et économiques dans plusieurs parties du globe. Parmi ces moyens, il y a eu l'action militaire directe, accompagnée ou non de « crimes contre l'humanité », ainsi que l'assistance militaire et/ou économique à des dictateurs tout à fait indifférents au respect des droits de la personne. Dans quelques cas, l'intervention des États-Unis à l'étranger a été extrêmement maladroite et a créé des situations aussi malheureuses que celles auxquelles on se proposait de remédier.

C'est d'ailleurs uniquement à cette vision réductrice de l'action américaine dans le monde que l'on se réfère sans relâche dans les pages internationales de la plupart des médias occidentaux, à commencer par les médias américains eux-mêmes. Sans oublier, bien sûr, les nôtres.

Il est pratiquement impossible de lire en matière d'information internationale le plus petit papelard vaguement éditorialisant sans que n'apparaisse l'Amérique dans son rôle mille fois bissé de brute sans repentir.

En étalant une dizaine de numéros de *Voir* (de 1990 et 1991, par exemple) près d'une mappemonde et en y relevant les chroniques de Bernard Boulad touchant l'information internationale, on pourra cocher au fur et à mesure sur la boule les endroits où les États-Unis sont traduits devant la grande inquisition idéologique. On les verra ainsi à la barre des accusés en Afghanistan, en Irak, en ex-URSS, au Proche-Orient, en Europe de l'Ouest, au Cambodge, en Iran, au Chili, en Libye, au Nicaragua, en Afrique du Sud, en Chine. Déclarés coupables d'être intervenus ou de ne pas l'avoir fait, proclamations contradictoires qui réussiraient à faire sombrer dans la folie le plus stoïque des secrétaires d'État.

Au fait, le plus fascinant dans cette volonté de réduire la quasi-totalité des nations du monde, et particulièrement celles du Sud, à des objets démunis de libre arbitre et uniquement déterminés par l'action que l'Occident capitaliste blanc — et au premier chef, les États-Unis — exerce sur eux, est qu'elle fait preuve d'un mépris innommable envers elles.

Les potentats autochtones servant de chefs à une brochette de ces pays ne demandent la permission ni à Dieu ni au président des États-Unis pour affamer, piller et décimer leurs populations. Pire, ils sont en général capables de le faire dans l'indifférence générale tant et aussi longtemps qu'ils se livrent à leurs ablutions sanguinaires sans recourir à quelque aide extérieure provenant d'un pays où on trouve une presse libre susceptible de la dénoncer.

Par exemple, pour les élites occidentales n'existe en Afrique que l'Afrique du Sud, où sévit (pour combien de temps encore ?) un régime absolument indigne et répugnant, personne ne le conteste. Cependant, celui-ci se révèle incapable de rivaliser, en termes de barbarie érigée en système, avec plusieurs autres gouvernements de ce continent ayant apparemment inscrit dans leur Constitution respective la légitimité du banditisme institutionnalisé et des massacres tribaux.

Seulement, cela n'intéresse personne.

L'exercice par des Noirs de pouvoirs despotiques et sanguinaires sur d'autres Noirs est idéologiquement inexploitable tant que n'intervient pas l'action d'un Blanc — si possible lié de quelque façon, même extrêmement ténue, à l'Amérique.

La bourgeoisie des idées n'en parle donc pas, ce qui est le stade suprême du racisme.

Le Boeing des Korean Air Lines

J'étais affecté au desk international de *La Presse* lorsque, le jeudi 1er septembre 1983, tombèrent les premières dépêches faisant état de la destruction par la chasse soviétique d'un Boeing 747 des Korean Air Lines. L'appareil transportait 240 passagers (civils) et 29 membres d'équipage. C'était le deuxième « accident » du genre : un autre avion sud-coréen avait été attaqué de la même façon cinq ans plus tôt, le 20 avril 1978.

Pendant que l'URSS niait son implication dans ce massacre, le chef de pupitre de *La Presse* fit ouvrir quatre pages supplémentaires afin d'accueillir le flot d'informations se déversant sur le fil. Je fus chargé de ces pages. À mon grand plaisir. Car j'étais curieux — attitude d'un parfait cynisme, je le confesse — de voir comment on s'y prendrait cette fois-ci pour rejeter le blâme sur les États-Unis.

J'étais absolument convaincu qu'on y arriverait, pas de doute là-dessus, ce n'était qu'une question de temps : devant l'ampleur du défi, il faudrait bien, me disais-je, quarante-huit ou probablement même soixante-douze heures à la machine de désinformation pour huiler ses rouages.

J'errais.

Les Américains furent mis au banc des accusés moins de vingt-quatre heures plus tard alors que, probablement, quelques débris du Boeing flottaient encore sur la mer du Japon.

La réaction se manifesta de la façon la plus prévisible et la plus routinière qui soit : l'URSS prit elle-même la direction des opérations en faisant rouler sur l'Occident un train d'accusations toutes plus farfelues les unes que les autres. Au Kremlin, on fit le pari — sans risques, il est vrai — que les *establishments* occidentaux, surtout américains, feraient largement écho à ces explications en comblant eux-mêmes les trous lorsqu'elles paraîtraient un peu courtes.

Confrontée, donc, à l'impossibilité de nier plus longtemps sa responsabilité dans cette affaire (sauf dans *La Pravda* qui, en 20 lignes, informa le prolétaire autochtone qu'un avion étranger avait illégalement survolé des installations militaires avant de « s'éloigner au-dessus de la mer du Japon »...), le gouvernement soviétique évoqua d'abord une regrettable confusion entre le Boeing et un appareil espion américain RC-135 volant dans le même secteur.

Les médias occidentaux soupesèrent gravement l'hypothèse jusqu'à ce que l'on se rende compte que les deux aéronefs étaient impossibles à confondre et qu'en outre, le RC-135 se trouvait à 1 500 kilomètres de là.

Alors, les Soviétiques soutinrent que le Boeing coréen était lui-même bourré de quincaillerie électronique — comme un athlète olympique de stéroïdes — et qu'il était donc impératif de l'abattre. Les médias occidentaux s'alignant sagement sur cette nouvelle explication, l'URSS leur fit faux bond et passa rapidement à une autre : les Coréens avaient charge de masquer le passage dans le ciel, au même moment, du satellite espion américain Ferret 2. Nouvel alignement des médias. Au bout du compte, foin de tout cela, le Ferret 2 fut remplacé par la navette spatiale Challenger bourrée de... et survolant...

Enfin, bref.

Évidemment, on n'eut pas le moindre début du commencement d'une preuve confirmant ne serait-ce que dans une mesure infime l'une ou l'autre de ces hypothèses. Mais les faits n'ont, on le sait, pas beaucoup d'importance. Les Soviétiques avaient fait ce qu'ils avaient à faire : tenter de se soustraire à la responsabilité d'un massacre. Pas de surprise. Ce qui est par contre assez hallucinant, c'est que les divagations du Kremlin furent une à une, et bien qu'elles s'annulassent mutuellement, prises au sérieux par les médias occidentaux, eux-mêmes à l'avance convaincus qu'en définitive, la faute devait de quelque façon — à être éventuellement déterminée — reposer sur les États-Unis.

Ainsi, lorsque l'URSS fut définitivement à court d'explications plausibles, les médias occidentaux se chargèrent eux-mêmes d'en inventer d'autres. L'hypothèse du Challenger fut avancée par un magazine américain, *Defense Attache*, puis reprise en Grande-Bretagne par *The Observer*. En même temps, le bureau de New York de l'agence américaine Associated Press, appelant des universitaires à la rescousse, expliqua que le Kremlin souffrait :

> ... d'un sentiment d'insécurité explicable par les invasions passées dont le pays a été victime (du déferlement mongol de 1480 jusqu'aux fusées U-2 de la Seconde Guerre mondiale). Comment nous, Américains, nous sentirions-nous à leur place ?...

> *The Gazette*, 13 septembre 1983.

En somme, l'agence laissait entendre que, bien sûr, dans ces conditions, l'élimi-

nation de 269 innocents ne constituait
qu'un acte de légitime défense.

Au Québec, les médias s'engouffrèrent
évidemment dans cette brèche. Moins de
deux semaines après l'événement, on fit
une large place à un médecin d'ici, Adélard
Paquin, selon lequel l'indignation face au
geste des militaires soviétiques n'était en
substance qu'une :

> ... vague d'antisoviétisme, une vague
> comme on n'en a jamais vue (née d'une)
> volonté délibérée, systématique et répé-
> tée de déformer, de dénaturer et de dissi-
> muler la vérité soviétique dans le but de
> nuire à l'URSS (et alimentée par les mé-
> dias qui ont) sauté sur l'affaire pour
> mener une campagne de haine contre
> l'URSS.
>
> *La Presse*, 15 septembre 1983.

Dix ans plus tard, on sait avec certitude
que le massacre est attribuable à un double cafouillage. De la part des pilotes sud-
coréens d'abord, puis du système de défense soviétique ensuite, déjà arrivé en
1983 à un état avancé de décrépitude et de
mauvais fonctionnement. Ce qu'a parfaitement illustré (*a contrario*, pour ainsi
dire) le geste de cet aviateur un peu fou, le
Ouest-Allemand Matthias Rust, qui réus-
sissait un peu plus tard à poser son Cessna
en plein centre de Moscou ! Cela n'empêche pas la bourgeoisie de toujours
nourrir un vague soupçon envers les
Américains, et les rumeurs les plus in-
vraisemblables de continuer à circuler :

La destruction en 1983 du Boeing des Korean Air Lines, au-dessus de la mer du Japon, a fait l'objet d'un *cover up* d'envergure internationale. [...] Les Soviétiques ont probablement abattu ce soir-là de six à dix avions militaires américains. [...] Les Américains et les Coréens du Sud cachent-ils quelque chose au sujet du vol KE 007 ?...

> Philippe Robert de Massy, avocat à la Commission des droits de la personne du Québec, *La Presse*, 22 décembre 1992.

De cette façon, le geste des militaires soviétiques sombre dans les limbes de la mémoire collective, où le rejoignent les 269 fantômes qui, conscrits dans l'interminable guerre que mène l'Occident contre lui-même, sont même privés du droit de hanter les plages d'Hokkaido et de Sakhaline.

La « dissidence » de chez nous

Au Québec, nous n'avons pas de presse dissidente, et peu de véritable dissidence dans la grande presse d'information. De façon générale, nos élites — et en particulier, nos élites intellectuelles —, sont assez peu bousculées.

Cela tient à différents facteurs dont le manque de moyens, réel ou provoqué, n'est pas le moindre. Contester, dénoncer, accuser les pouvoirs quels qu'ils soient coûte cher. Et il n'existe pas ici de concurrence suffisamment forte pour forcer les entreprises de presse à consacrer plus de fric et de temps au journalisme d'enquête.

En fait, les conditions dans lesquelles s'exerce le journalisme québécois, même dans les plus importantes et les meilleures boîtes d'information (dont font certainement partie *La Presse, Le Devoir* et *Voir* bien je ne les ménage pas ici), arracheraient des larmes au rédacteur en chef de l'hebdo de Coffeyville, Kansas, et condamneraient à l'oisiveté les plus fins limiers du *Washington Post*.

La panique est la composante essentielle de l'ambiance quotidienne de travail. Se faire une vague idée du contenu du journal (ou du bulletin) du surlendemain est considéré comme le *nec plus ultra* de la planification. Assigner pour quarante-huit heures une troupe de choc de deux journalistes à un même dossier est un luxe dont on parlera ensuite pendant des mois avec une voix chevrotante d'émotion. Arriver à boucler à peu près à temps et à peu près correctement le journal (ou le bulletin) est le seul objectif vraiment réaliste que l'on puisse se fixer jour après jour. Disposer d'une agrafeuse pour son usage exclusif est un privilège alloué au bout de dix ans d'ancienneté...

De sorte que des bataillons entiers de journalistes québécois bien formés, compétents, aguerris et combatifs sont condamnés — à perpétuité, peut-on craindre — à la routine quotidienne des conférences de presse et autres pseudoévénements qui, à peu de frais, font tourner la machine.

D'autre part, le journalisme québécois est écartelé, selon un scénario que nous avons déjà pu observer dans le champ culturel, entre les façons de faire française et américaine. Il arrive que ce soit la première qui l'emporte et le commentaire, certes utile mais inopérant par lui-même, prend alors la place de l'information factuelle. Dans ce cas, contester, dénoncer, accuser les pouvoirs ne consiste plus à accumuler puis à rendre publics des faits qui les confondent, mais à garrocher dans leur direction, au petit bonheur la chance, quelques phrases bien senties.

C'est amusant, bien entendu, et excellent pour l'ego des scribes.

Mais ça ne prouve rien.

Aussi, pour une minorité (infime mais puissante) de journalistes, « dénoncer » l'impérialisme américain représente souvent la manipulation la plus efficace pour atteindre l'orgasme de la contestation ainsi que le point d'arrivée du tandem (manque de moyens et carence de faits) du journalisme bourgeois à la mode de chez nous. Le travail est en outre extrêmement rapide et facile : les Américains fournissent eux-mêmes toute l'information de base voulue, il n'y a qu'à s'asseoir à côté des téléscripteurs. Enfin, le « dissident » jouit de la sécurité absolue : les sbires de la Maison-Blanche ne vont pas lui casser les jambes dans une ruelle ni porter l'affaire devant les tribunaux, ils ont l'habitude d'être vilipendés et ont bien d'autres chats à fouetter.

Évidemment, le malheureux lecteur n'apprendra dans ces grandioses envolées absolument rien de neuf. Il sentira toutefois plus ou moins confusément qu'on le fait encore mariner dans un conformisme dégoulinant de bons sentiments et, accessoirement, d'un monstrueux ennui — ce qui, à terme, ne risque pas d'améliorer le sort de la presse écrite.

Telle est la sorte de dissidence sur laquelle nous nous arrêterons un instant en observant un exemple en deux volets.

Il est entendu qu'une telle démonstration ne vaudrait pas si elle était faite à partir d'une quelconque feuille gauchisante meublée par la prose hallucinatoire du maoïste de service. Je me servirai donc d'articles parus dans *La Presse*, tout simplement, un quotidien bien à l'abri de toute accusation de collaboration avec Moscou ou La Havane. Et les deux volets s'ouvriront sous la même signature, celle de Francine Pelletier ; celle-ci ne donne prise à aucun soupçon d'hérésie politico-sociale puisque, dans tous les grands médias ayant eu recours à ses services, elle a véhiculé avec compétence tous les grands courants idéologiques dominants.

Les bons Chiliens
et les méchants Nicaraguayens

L'affaire concerne la chute pour cause de scrutin libre et universel de deux dictateurs latino-américains : Augusto Pinochet au Chili et Daniel Ortega au Nicaragua.

Le monarque chilien, appuyé par la CIA lorsqu'il s'empara du pouvoir en 1973, a connu la défaite lors du plébiscite du 5 octobre 1988. Au Nicaragua, ce sont les élections du 25 février 1990 qui ont donné la victoire à Violeta Chamorro, une opposante au régime Ortega longtemps combattu par Washington.

Les potentats chilien et nicaraguayen, cela est remarquable, ont tous deux été remerciés de leurs services par 54,7 pour 100 des électeurs ayant exercé leur droit de vote (d'autres sources donnent des chiffres très légèrement différents). Le commun des mortels serait *a priori* porté à penser qu'un dictateur en vaut un autre et qu'il y a lieu de se réjouir de façon équitable de cette double déconfiture. En n'oubliant pas de saluer bien bas les populations concernées pour qui l'aventure n'aura certes pas été facile et qui, elles, ont envoyé paître avec une parfaite équité leur bourreau respectif.

Le commun des mortels se trompe, bien sûr.

Admirons ici la différence de traitement accordé à l'un et l'autre événement.

7,3 millions de Chiliens ont accompli

l'inimaginable : ils ont dit non à Augusto Pinochet. [...] Il y a quelques mois seulement, la défaite du dictateur n'était qu'un rêve lointain...

8 octobre 1988.

On se trouve sans l'ombre d'un doute en présence d'un peuple courageux qui doit se montrer fier d'avoir déboulonné son dictateur. C'est évidemment tout le contraire qu'il faut penser du geste de la population nicaraguayenne, laquelle — pardonnez-la car elle ne savait pas ce qu'elle faisait : on y pensera dorénavant à deux fois avant de lui ouvrir des urnes — a stupidement envoyé aux douches son dictateur à elle :

Violeta Chamorro ? Mais voyons. Depuis quand une femme qui n'a pas de programme politique, pas de connaissance des affaires d'État, pas d'idées, ni beaucoup de principes, représente-t-elle un progrès ? S'il y a *victoire* au Nicaragua, c'est bien celle des États-Unis (lesquels) ont enfin gagné, dimanche dernier, leur pari : de rendre le Nicaragua un peu plus à leur image. À coup d'argent, d'ingérence politique et de stratégie militaire.

3 mars 1990.

Madame Chamorro n'a pas d'idées ? À supposer que cela soit exact — ce qui n'est pas démontré —, il serait tout de même rafraîchissant de voir une femme joindre les rangs du pouvoir où, par le passé, trop d'hommes se sont douteusement distingués en en ayant trop. Et de très mauvaises, de surcroît.

La stratégie militaire des Américains ? Ortega a définitivement baissé pavillon autour d'octobre 1989 lorsque l'URSS a confirmé qu'elle cessait ses livraisons d'armes au gouvernement sandiniste.

L'ingérence politique des Américains ? Au moment où l'aide de La Havane au Nicaragua était suspendue, en 1990, il restait 800 « conseillers » cubains à Managua — des experts en infrastructures touristiques et en design d'intérieur, bien sûr.

L'argent des Américains ? En dix ans, l'URSS a fourni 10 milliards de dollars au régime Ortega (d'autres sources donnent des chiffres beaucoup plus élevés : entre 3 et 4 milliards de dollars annuellement) dont 5 milliards en aide militaire directe, c'est-à-dire 1 milliard de plus que ce que la dictature nicaraguayenne a elle-même investi dans la guerre civile ! Paraît dérisoire par comparaison, je veux bien l'admettre, l'aide de 156 millions de dollars accordée par Washington *au gouvernement sandiniste* avant que celui-ci ne s'ingère dans la guerre civile salvadorienne.

Pinochet et Ortega se sont tous deux affirmés comme de compétents geôliers : à la fin de 1987, on comptait 9 000 prisonniers politiques au Nicaragua, foule qui aurait pu convenablement remplir le fameux stade sportif de Santiago, quinze ans plus tôt.

Cependant, ils se sont montrés très inégalement doués pour le maintien de la paix. Si la dictature chilienne a fait 2 279 morts, la guerre civile au Nicaragua aurait fait entre 45 000 et 54 000 victimes de décembre 1974 à février 1990. En plus d'un demi-million d'exilés — démarche que l'on appelle *voter avec ses pieds.*

Très inégalement doués, encore, pour l'économie. Le produit national brut par habitant atteignait 2 010 $ en 1990 au Chili ; il était de 434 $ (entre 300 $ et 590 $ selon d'autres sources) au Nicaragua. J'entends bien que le point de départ n'était pas le même ; ç'aurait dû être une raison de plus pour Ortega de ne pas plonger les malheureux Nicaraguayens dans une misère plus grande encore. On accepterait la thèse voulant que l'économie du pays (comme, avant elle, celle du Chili d'Allende) se soit fait étrangler par Washington, s'il ne s'agissait d'une constante absolue et mille fois vérifiée chez tous les gouvernements marxistes, y compris celui de la métropole russe, d'avoir réduit à néant la structure économique des pays où ils se sont implantés.

Je précise que toutes ces données sont tirées de diverses sources françaises, et non américaines. Et que personne ne peut plaider l'ignorance, plusieurs de celles-ci étant à ce point connues, vérifiées et répertoriées qu'elles apparaissent dans des ouvrages encyclopédiques !

Ce qui s'est passé au Nicaragua est assez simple si l'on veut voir les choses froidement — pardonnez le côté didactique de la démonstration mais il faut ce qu'il faut.

Prenant appui sur l'insatisfaction populaire provoquée par le poids d'une dictature parfaitement immorale, une puissance impériale a tenté de — et a réussi à — défaire par les armes ce tyran et à en installer un autre agissant sous sa coupe. Une autre grande puissance, s'appuyant également sur une grogne populaire tout aussi compréhensible, s'est par les armes opposée à ce régime moralement comparable au premier. Cette seconde grande puissance, aidée en cela par la décomposition de la première, a fini par forcer la tenue d'un scrutin démocratique. Cette agitation a, des deux côtés de la barricade, été saupoudrée d'une bonne dose de banditisme pur et simple que les élections n'ont apparemment pas complètement éliminé.

Et au cas où cela intéresserait quelqu'un : le peuple nicaraguayen, lui, a tout au long de ce processus été froidement piétiné.

Cette version des faits tributaire de la technique du renvoi dos-à-dos n'est que partiellement fondée puisque les métropoles impériales dont il est question ici n'ont pas la même légitimité sur le plan intérieur et pas le même dossier criminel sur le plan extérieur. Elle représente toutefois une approximation minimale sur laquelle il faut s'entendre et dont il est nécessaire de rendre compte si l'on ne veut pas chuter irrémédiablement hors du champ de la raison.

Or, l'article de *La Presse* cité plus haut, qui donne pourtant à lire un historique circonstancié des événements politiques survenus au Nicaragua depuis 1855, ne contient pas *la moindre allusion* aux bailleurs de fonds, aviseurs et fournisseurs militaires de Daniel Ortega !...

« L'idéologie fonctionne comme une machine à détruire l'information, au prix même des assertions les plus contraires à l'évidence », écrit Jean-François Revel (dans *La Connaissance inutile*).

Les intérêts yankees

Les États-Unis sont néanmoins intervenus au Nicaragua, ce qui est en effet déplorable et ne saurait être excusé par l'ingérence plus grande encore en ces lieux d'autres puissances étrangères.

Ne peut davantage être tenu pour motif valable le fait qu'ils y défendaient entre autres leurs intérêts géostratégiques et/ou économiques.

Le gouvernement américain est à ma connaissance le seul à être perpétuellement reconnu coupable d'agir en fonction de ses intérêts — contrairement, je suppose, à tous les autres pays du monde, lesquels s'efforcent en tout temps et en toutes occasions d'agir *contre* leurs intérêts propres.

La question de savoir si, tout en tenant compte de leurs intérêts, les États-Unis n'auraient pas aussi, dans bien des cas, agi pour le bien du plus grand nombre — et même de l'humanité, cela est arrivé — n'est jamais posée, un peu comme si tous les intérêts nationaux étaient d'égale valeur, ou constituaient d'égales menaces.

Or tel n'est pas le cas.

L'Amérique est historiquement la première puissance dotée d'une influence tentaculaire à avoir fait entrer, dans le calcul de l'augmentation de sa prospérité, le progrès économique et social des nations plus ou moins vassales. Ou, dans le pire des cas, à ne pas l'avoir totalement exclu. Cela peut être assez difficile à accepter pour un esprit formé à l'école européenne — lequel a du mal à démordre de l'équation pré-industrielle *je m'enrichis -tu t'appauvris* — mais la civilisation américaine repose en théorie sur la notion de droit et de progrès matériel universel, et en pratique sur le légalisme contractuel et l'expansion sans limites des marchés. Ces principes ont toujours prévalu dans les relations de l'Amérique avec les autres pays démocratiques. On se rend rarement compte à quel point une telle attitude constitue un fait nouveau dans l'Histoire.

Une telle assertion est en général l'objet de raillerie mais il est tout de même impossible de le nier : la plupart des nations — pas toutes — s'étant insérées dans les circuits économiques mondiaux bâtis et gérés par les États-Unis ont accompli de fantastiques bonds en avant. En revanche, celles qui ne l'ont pas fait ont — toutes — végété dans la misère.

La situation comparative des deux États coréens en est un exemple frappant.

Les dictateurs chinois tentent depuis peu d'insérer à pas menus leur pays dans ce circuit : en 1993, prévoit-on, la Chine aura accueilli 60 milliards de dollars d'investissements étrangers, exporté des biens pour une valeur de 100 milliards et connu une croissance économique réelle de 15 pour 100 (selon *La Presse*, 31 juillet 1993).

À l'inverse, l'Afrique est le continent sur lequel l'influence américaine a historiquement été la plus faible (celle de l'Europe de l'Ouest et de l'Est, par contre...) et, en même temps, le plus pauvre et le plus ensanglanté de la planète. Pire encore, la situation y stagne. Les macabres statistiques de la faim indiquent que celle-ci a reculé considérablement en Asie (40 pour 100 de la population touchée entre 1969 et 1971 contre 19 pour 100 entre 1988 et 1990) et en Amérique latine (elle a diminué du tiers au cours de la même période) mais est restée aussi endémique en Afrique (35 et 33 pour 100). Si, entre 1960 et 1984, le revenu réel par habitant a augmenté de 122 pour 100 en Asie et de 162 pour 100 en Amérique latine, il n'a crû que de 22 pour 100 en Afrique.

De la même façon, les contrées où sévissent aujourd'hui les plus sérieuses situations de sous-développement — ou la famine pure et simple — ont pratiquement toutes été ou sont encore pour certaines d'entre elles sous gouvernement d'allégeance plus ou moins marxiste, régime agrémenté ou non de cataclysmes naturels ainsi que de conflits internes ou externes. Six des huits pays les plus pauvres du globe sont dans cette situation : le Mozambique (un produit national brut de 80 $ par habitant en 1990), l'Éthiopie (120 $), le Cambodge (130 $), la Tanzanie (130 $ aussi), la Somalie (170 $) et le Laos (180 $). Plusieurs autres, le Viêt-nam, Cuba, l'Afghanistan, l'Angola, le Nicaragua, l'Albanie et l'ex-Yemen du Sud, ne sont pas très loin derrière cette misère absolue. Parmi les dix pays ayant connu les taux d'inflation les plus surréalistes en 1992 (de 177 à 15 201 pour 100 !), sept tentent de se relever de — ou sont encore plongés dans — ce type d'anti-économie.

L'aristocratie de la pensée dût-elle persister à le nier jusqu'à la fin des temps, l'intérêt national de l'Amérique, aussi redoutable et envahissant soit-il, a ceci de particulier qu'il lui arrive de ne pas être incompatible avec celui des autres — et surtout, avec l'existence des droits fondamentaux.

Alfredo G. A. Valladao nomme l'exercice de cet intérêt national « l'impérialisme de la liberté ».

Ayn Rand, née Alice Rosenbaum, philosophe russe réfugiée aux États-Unis, ajoute : « Les États-Unis furent la première société *morale* de l'histoire. » (Dans *La Vertu d'égoïsme*.)

Le romancier Paul Auster conclut :

« Démocratie, liberté, égalité devant la loi. C'est là ce que l'Amérique a de meilleur à offrir au monde, et si peiné soit-on de l'échec de l'Amérique à se montrer digne de ces idéaux, les idéaux eux-mêmes ne sont pas en question. Ils ont été la consolation de multitudes. Ils ont instillé en nous tous l'espérance de pouvoir un jour vivre dans un monde meilleur. » (Dans *Léviathan.*)

Cependant, la dénonciation des *intérêts yankees* est extrêmement pratique du fait qu'elle sert de dénégation à toute relation d'aide et d'assistance que l'Amérique aurait entretenue ou entretiendrait avec quelque autre nation. Elle ramène par exemple au rang de coups fourrés l'intervention des États-Unis lors de la Seconde Guerre mondiale, le plan Marshall, l'aide au relèvement de l'Allemagne et du Japon (laquelle illustre bien la stupidité de l'Amérique, les deux vaincus d'hier étant devenus les puissants concurrents d'aujourd'hui) et, plus récemment, l'envoi de troupes en Somalie.

Que d'efforts a-t-on déployés dans le but de prouver qu'en aucun cas et sous aucun prétexte, les Américains ne sauraient être soupçonnés d'avoir, ne serait-ce que dans la proportion la plus infime, répondu *aussi* à un sentiment de compassion en fournissant le gros des troupes onusiennes dépêchées dans ce malheureux pays. Quitte à patauger encore une fois dans un bourbier qui, au premier chef, ne les concernait pas (exercice au terme duquel on va certainement les mettre, comme d'habitude, au banc des accusés... tout en les sommant d'intervenir au plus vite en ex-Yougoslavie !). Et ce, dans le but de tenter de recoller encore une fois les pots cassés par les divers impérialismes européens.

> George Bush, président pour encore quelques semaines, n'a plus aucun vote à aller grappiller. [...] Une petite initiative purement humanitaire et sans arrière-pensée se prend donc bien en fin de régime. L'occasion est belle, pour celui qui aura largement incarné une certaine arrogance américaine, de laisser derrière soi une ultime *B.A.* en guise de souvenir à la postérité (:) 30 000 hommes en armes arrivés des États-Unis avec leurs grands sabots.

> François Brousseau,
> *Le Devoir*, 30 novembre 1992.

Cette pièce d'anthologie à verser au musée de la louange assassine nous livre une information capitale : les soldats américains n'ont pas débarqué en Somalie chaussés de pantoufles en Phentex.

* * *

Le mur de l'ambassade des États-Unis à Mogadiscio, a-t-on rapporté quelques semaines après le début de l'opération humanitaire en Somalie, s'est vu bientôt garnir d'un graffiti tracé par des soldats américains. *Send Us Home*, pouvait-on lire

— une version intéressante du bon vieux *Yankee Go Home* qui a fait la fortune des marchands de peinture en aérosol de toute la planète. Tout près, un lieutenant de 27 ans laissait tomber : « Je pense que le moment est venu de se tirer d'ici. [...] Le pire, c'est de voir les gens que vous êtes censés aider vous jeter des pierres et des injures. » (Agence Reuter, dans *Le Devoir*, 9 mars 1993.)

Bon Dieu, qu'espérait-il ? Qu'il se trouverait au monde un seul être humain pour prendre acte d'un geste positif de l'Amérique ?

Vachement naïf, le militaire.

11

Le Nouvel Ordre moral

Il est patent que l'antiaméricanisme primaire n'est pas près de disparaître.

Cet appareil critique entretenu par le complexe intello-universitaire n'est pas, en effet, un produit de l'observation et de la réflexion que des regards plus attentifs et des délibérations plus rigoureuses permettraient de rectifier et de rendre plus conforme à la réalité.

Il n'est pas lié à un débat d'idées, qu'il s'agirait de poursuivre jusqu'à ce que la vérité apparaisse.

Pas du tout.

L'antiaméricanisme bourgeois est d'abord une affaire d'étiquette (au sens de cérémonial en usage dans la haute société) de laquelle il est malséant de s'écarter mais qui, respectée avec le plus grand conformisme, facilite l'accès aux cénacles où siège l'aristocratie de l'esprit.

Il est ensuite symptomatique d'une lutte de pouvoir, d'une guerre irrationnelle et devenue essentiellement vengeresse. Ce qu'illustre à satiété le fait que, du terrain politique, le discours antiaméricain dans sa forme la plus violente s'est largement déplacé vers le champ culturel où, en cette fin de siècle, se déroule le dernier renversement des ultimes puissances antipopulaires et antidémocratiques.

Enfin et surtout, l'antiaméricanisme dans sa version la plus courante vise à défaire des valeurs vues par les pouvoirs en place comme déstabilisantes, dangereuses, révolutionnaires : il s'agit des valeurs fondées sur l'individu.

Ces valeurs sont celles que la vie même impose. Elles obligent à composer avec la multitude et le hasard, avec le mal et la mort — celle des individus, des sociétés, des systèmes, des cultures, des pouvoirs. Il s'agit là de perspectives effrayantes. Elles sont incompatibles avec une vision ordonnée, hiérarchisée et pérenne du monde. Seules les religions ou les idéologies permettent de les exorciser — quitte à renoncer en même temps au progrès, qui est essentiellement un processus aléatoire et chaotique de naissance, de vie, de bien et de mal entremêlés et de mort.

On est loin, c'est évident, de la critique raisonnée, lucide et constructive d'un pays, d'un empire ou même d'un système économique et politique dont il s'agirait de démontrer l'inefficacité ou l'injustice.

Si telle était la véritable nature de l'antiaméricanisme bourgeois, il serait impossible d'expliquer autrement que par la psychanalyse la haine viscérale que semblent nourrir des cohortes d'intellectuels américains à l'endroit de leur propre civilisation, celle-là même qui leur assure confort matériel, liberté intellectuelle et autonomie morale.

Or, ces gens ne sont pas fous.

Aujourd'hui, la preuve la plus accablante de la faillite de la pensée occidentale tient précisément dans le fait que les nouveaux totalitarismes se construisent aux États-Unis même, les intellectuels américains ayant repris le flambeau du mensonge, de la noirceur et de l'intolérance des mains des intellectuels européens.

L'Amérique ayant déclenché contre elle-même une guerre à finir.

Chomsky ayant succédé à Sartre.

Au cours de la décennie quatre-vingt, c'est au cœur du complexe intello-universitaire américain qu'il était possible de dénicher les derniers grands chantres marxistes de la planète, agrippés à un étrange bouquin, *The Marxist Conception of Man in The Capitalist Society* (du professeur Bertell Ollman de l'Université de New York), lecture obligatoire dans plus de cent universités américaines et arrivé en 1982 à sa septième réimpression. « Les organisateurs de colloques européens, qui avaient de plus en plus de mal à trouver sur place des participants acceptant de jouer le rôle du marxiste de service, carré et sans complexe, en furent réduits à les importer des États-Unis, (ce qui illustre) l'aliénation d'une grande partie de la classe intellectuelle américaine par rapport à son propre peuple et à la majorité du monde démocratique », écrit Jean-François Revel (dans *La Connaissance inutile*).

Bien pire encore, c'est aux États-Unis que se construit depuis trente ans une nouvelle forme de totalitarisme, le Nouvel Ordre moral.

Ce Nouvel Ordre moral se présente comme un bel ensemble de constructions idéologiques destinées à asservir la société en la soumettant à des ordres, des normes, des modèles, des choix moraux — bien entendu — incompatibles avec la recherche de la paix, de la prospérité, de la justice.

Ce nouvel ordre moral a ceci de commun avec les totalitarismes traditionnels qu'il est lui aussi fondé sur la haine à l'état pur, en quelque sorte, ainsi que — plus spécifiquement — la haine de la démocratie, de la modernité, du plaisir, du peuple et bien évidemment de l'Amérique.

Pareil aussi : ce nouveau totalitarisme est totalement décalé par rapport à la réalité et par définition obligé de n'en tenir aucun compte.

Pareil encore : il est incompatible avec tout progrès puisqu'il détruit le terrain sur lequel il s'exerce, comme les totalitarismes religieux ont détruit et détruisent le sens moral, comme les totalitarismes politiques ont détruit et détruisent la liberté, comme les totalitarismes économiques ont détruit et détruisent la création et la distribution de la richesse.

Pareil enfin : il est en pratique conçu et imposé dans le but de protéger une oligarchie soucieuse de conserver son pouvoir et ses privilèges.

Cependant, par rapport aux grands systèmes de terreur qui l'ont précédé, le Nouvel Ordre moral a ceci de particulier que, développé pour être imposé à une société éclatée, il est multiforme et à géométrie variable. Ses organes de pouvoir sont multiples et décentralisés. Ses champs d'application extrêmement diversifiés.

Si le totalitarisme du Nouvel Ordre moral tend comme ses prédécesseurs à pousser toujours plus loin l'intrusion du collectif dans le champ privé (avec toute l'efficacité que lui confère désormais la technologie capitaliste moderne), il s'éloigne par contre du champ politique au sens strict dans lequel ces systèmes ont toujours aimé s'exercer.

Il est logique que ce nouveau totalitarisme se soit jusqu'à maintenant attaqué aux mouvements progressistes les plus importants et les plus porteurs d'avenir de la seconde moitié du vingtième siècle : le féminisme, la défense de l'environnement, la recherche de l'égalité, l'expansion de la liberté et des droits fondamentaux.

La quasi-victoire du féminisme

Depuis quarante ans, le statut de la femme a radicalement changé en Occident.

Bien qu'il reste encore d'immenses progrès à accomplir, l'avancée en ce domaine est réelle. Suffisante, me semble-t-il, pour affirmer que les victoires du féminisme comptent aujourd'hui parmi les plus importants acquis sociaux — pour le plus grand bien des femmes, et des hommes aussi d'ailleurs, leur bonheur commun étant indissociable.

Ces victoires ont été remportées *malgré* l'idéologie du féminisme radical, importée des universités américaines dans le cadre de la toute première offensive du Nouvel Ordre moral.

Dans *La Déroute des sexes*, Denise Bombardier écrit, en dressant l'inventaire des lieux en cette ère d'après-féminisme : « Aux États-Unis, le radicalisme en la matière n'ayant pas de limites, la position du missionnaire, voire l'érection ont été classées *instruments de domination mâle* dans des ouvrages parfois publiés par les presses des meilleures universités. »

L'idéologie « permet à des intellectuels d'exercer leur pouvoir sur les esprits (et) autorise une authentique forme de terrorisme. [...] Quand on a assis sa ferveur révolutionnaire dans le fauteuil de la sécurité d'emploi à vie, il ne reste plus qu'à tirer par les fenêtres du château », écrivait trois ans plus tôt Roch Côté. Dans *Manifeste d'un salaud,* celui-ci décrivait en effet les efforts d'agit-prop déployés en ce domaine par les vieux *establishments* du complexe intello-universitaire aidés de leurs habituels poteaux plantés dans les médias — souvent les mêmes, d'ailleurs, que ceux ayant comme activité subsidiaire de réclamer le renforcement de la censure d'État.

Il est important de comprendre que le féminisme radical n'est pas le fait d'une avant-garde dont le combat irait, quoique de façon plus musclée, dans le même sens que celui mené sur le terrain par les militantes féministes « ordinaires », pour ainsi dire.

Il est son exact contraire.

Dans les faits, il s'est principalement employé à détourner le mouvement féministe de sa mission initiale — améliorer le sort des femmes — pour en faire un instrument de domination bourgeoise, de haine et de destruction des progrès accomplis. Et ce, en se servant des armes, toujours les mêmes, dont le contrôle appartient à la bourgeoisie de l'esprit : fraude intellectuelle, mensonge, abus de langage, terrorisme institutionnalisé, création de ce que Côté appelle le *tabou.*

L'auteur a bien décrit, aussi, la façon

dont le féminisme radical a versé dans le
délire paranoïaque lorsqu'il s'est retrouvé
face à face avec les épouvantails traditionnels des intellectuels, dont la science/
technologie, symbole important dans la
démonologie antiaméricaine :

> Il est inquiétant de constater la supré-
> matie totale qu'exercent les mâles sur les
> sciences de la reproduction. [...] Le
> raffinement est tel qu'on peut craindre
> des menaces comme un éventuel
> gynocide...
>
> Roch Côté, *Manifeste d'un salaud,*
> citant Armande Saint-Jean
> *(Pour en finir avec le patriarcat).*

Un gynocide, rien de moins...

Cependant, on peut aujourd'hui esti-
mer que les femmes ont presque fait tomber l'une des dernières forteresses de la
réaction et du conservatisme, celle de
l'idéologie, tenue par les traditionnels
mercenaires de la pensée.

Presque triomphé.

Car le mouvement féministe a apparemment encore à vaincre un ultime carré
de résistance, celui du parasitisme étatico-
bureaucratique qui tient en état artificiel
de survie les derniers dinosaures idéologiques du féminisme radical.

Entre 1991 et 1993, vampirisant ainsi la
cause féministe, le Comité canadien sur la
violence faite aux femmes a soutiré aux
contribuables du pays une somme de
10 millions de dollars (l'équivalent de vingt
foyers d'accueil pour femmes en difficulté,

chacun doté d'un confortable budget de 500 000 $) dans le but de nous apprendre que des femmes sont battues et/ou violentées et/ou violées. De quelle ampleur est cet insupportable phénomène ? Le rapport ne l'établit pas et se contente d'aligner des chiffres aussi peu fiables que ceux interminablement recensés par Côté dans *Manifeste d'un salaud.* Que faut-il faire pour mettre fin à ce type de criminalité ? « On dit aux hommes d'éviter d'être violents et de ne plus rire aux blagues sexistes et racistes. On dit aux femmes et aux hommes de *coopérer* plutôt que de se faire compétition. » (Dans *La Presse,* 31 juillet 1993.) En fait, les seuls passages substantiels du document de près de cinq cents pages contiennent les narrations de témoignages horrifiants rendus par des victimes — procédé tout à fait comparable à celui utilisé dans les *true crime stories* diffusées à la télé américaine.

« Le Comité a oublié une forme de violence : la violence intellectuelle, celle qui traite les citoyens et les citoyennes comme s'ils avaient deux ans d'âge mental », juge Lysiane Gagnon (dans *La Presse,* 5 août 1993).

Pendant ce temps, aux États-Unis, apparaissait en librairie l'imposant ouvrage de la journaliste new-yorkaise Susan Faludi, *Backlash/La Guerre froide contre les femmes.* Seule, ne comptant que sur quelques aménagements d'horaire consentis par son employeur, le *Wall Street Journal,*

Faludi a dressé un tableau magistral et incroyablement documenté (quoiqu'un peu porté sur la métaphore apocalyptique) de la situation des femmes au début des années quatre-vingt-dix.

L'idéologie contre-féministe, démontre Faludi tout au long de son essai, est aux États-Unis d'une férocité directement proportionnelle à celle qu'a manifestée le féminisme radical au cours des décennies antérieures. Et, fait littéralement fascinant, elle est largement véhiculée par ceux et celles-là mêmes qui furent les apôtres de cet ancien absolutisme ! La journaliste remarque : « Les émissaires de la revanche viennent de tous les horizons universitaires : philosophes qui savent citer les classiques, scientifiques armés de modèles mathématiques, anthropologues prêts à fournir des témoignages aborigènes... »

Prêts aussi, sans doute, à garnir de ces témoignages des rapports coûteux et scandaleusement réactionnaires.

Le progrès, c'est l'hécatombe

Cependant, c'est sur le terrain de la défense de l'environnement que le Nouvel Ordre moral affiche sa nature de la façon la plus crue, basculant dans des limbes intellectuelles à ce point étrangères au salut de la planète qu'elles pourraient être comparées à une antimatière de la véritable pensée environnementale.

Comme le féminisme radical, la *deep*

ecology, selon l'expression américaine, est un mouvement dangereusement réactionnaire. Il tombe à point pour gagner « l'approbation des néo-fascistes et ex-staliniens dont les convictions antilibérales passées ou présentes, refoulées par nécessité plus que par raison, ne demandent qu'à s'investir dans une nouvelle aventure », écrit le philosophe français Luc Ferry (dans *Le nouvel ordre écologique*).

Tous les gens sensés soupçonnent, à défaut d'en être convenablement informés, que les solutions aux problèmes écologiques viendront non pas d'un quelconque rapetissement du territoire de l'espèce humaine, mais bien d'un contrôle plus grand et plus ordonné encore de l'espace planétaire. Non pas de contraintes exercées sur le peuple mais d'une libre adhésion de celui-ci à des objectifs clairement définis et logiquement expliqués. Non pas du freinage de la circulation des hommes, des biens et de l'information mais d'une accélération de ces échanges ainsi que de l'abolition des frontières. Non pas de *moins*, mais de *plus* de science et de technologie. Au surplus, dans l'état actuel des choses, on peut prévoir que ce sont les Américains qui résoudront la plus grande partie des problèmes liés à l'écologie : selon des projections publiées par le périodique britannique *The Economist* (21 novembre 1992), les États-Unis injecteront en 1996 des sommes de l'ordre de 174 milliards de dollars dans le secteur des

industries de l'environnement, davantage
que tous les pays de l'Europe de l'Ouest et
de l'Est réunis (environ 135 et 30 milliards
respectivement).

Comme dans le cas de la télé, on se
trouve ici en présence d'un mélange
mortel pour les idéologues : primauté de
l'homme et du peuple, circulation de l'information, abolition des duchés nationaux, science/technologie, prédominance
des États-Unis...

Résultat ?

Comme dans le cas de la télé, la réaction bourgeoise se manifeste avec violence.

Dans ce cas, sous la forme de mouvements écologiques radicaux dont la plupart ont leurs sièges sociaux dans la péri-
phérie des universités américaines. Il s'agit
là de l'aile la plus extrémiste du corps de
combat du Nouvel Ordre moral ; la seule
(du moins à ce jour) à proposer non pas la
réforme de l'homme comme la prônaient
les totalitarismes traditionnels, mais bien
l'élimination d'une partie importante de
l'espèce humaine dans le but d'accéder à
un monde meilleur.

Sur le modèle classique, poursuit Luc
Ferry, « de l'intellectuel médiatique apos-
trophant *courageusement* les médias chaque fois qu'une tribune lui est ouverte,
l'écologiste radical se persuade que son
combat est en totale rupture avec l'univers
qu'il veut détruire, (cet Occident dont la)
faillite est avérée ».

L'auteur signale que c'est sous Hitler que furent votées les législations à ce jour les plus « avant-gardistes » en ce qui a trait à la protection de la nature et des animaux ; le Fuhrer, peut-on ajouter, a aussi fait beaucoup au chapitre de la lutte contre la surpopulation.

On rejoint ici l'arme favorite des écologistes radicaux : la violence pure et simple. Celle-ci est la négation du concept même de conservation mais on l'a néanmoins vue à l'œuvre mille fois au cours des dernières années. Aux États-Unis, l'organe officieux de ces mouvements, le périodique *Earth First* (publié à Missoula, Montana), multiplie les reportages sur des actes de sabotage — sans les « encourager » au sens légal du terme, bien sûr, eux aussi ont des avocats. En 1979, rapporte Ferry, le mouvement Greenpeace faisait savoir dans un éditorial de ses *Chroniques* que :

> ...il faudra recourir le cas échéant à la force pour lutter contre ceux qui continuent à détériorer l'environnement.

En 1984, William Aiken, un des potentats intellectuels de la *deep ecology*, écrivait (c'est Ferry qui cite encore) :

> Une mortalité humaine massive serait une bonne chose... C'est le devoir de notre espèce, vis-à-vis de notre milieu, d'éliminer 90 pour 100 de nos effectifs.

Excusez du peu.

Aiken n'est pas un marginal un peu

fêlé que guettent, sourcils froncés et camisole de force à la main, les ambulanciers du plus proche hôpital psychiatrique. Plusieurs penseurs de la *deep ecology* se penchent avec gravité depuis des années sur la question de savoir combien l'espèce humaine devrait compter de représentants afin de ne pas nuire aux autres espèces vivantes. Les estimations varient en général entre 100 et 500 millions d'individus ! Cependant, pas un de ces philanthropes n'a encore couché sur papier de scénario susceptible d'être utilisé pour se débarrasser des quatre ou cinq milliards d'humains en trop... Ce manque d'imagination est peut-être dû à un déficit au chapitre de la connaissance de l'histoire, laquelle a consigné de très belles expériences d'extermination de masse.

Bien évidemment, cette débauche des pires pulsions totalitaires se fonde sur un magma de thèses philosophiques d'un sublime ridicule — lequel n'a jamais tué aucun intellectuel, comme chacun sait. Cette soupe écologiste est cuisinée à partir des bonnes vieilles recettes rousseauistes, à savoir que les droits de l'humanité (pervertie) sont en balance avec les droits de la nature (intrinsèquement bonne) ; la roche, l'arbre, l'animal, possèdent des droits inhérents égaux et même supérieurs à ceux de l'espèce humaine. Ce qui nous ramène au Moyen-Âge alors que des animaux, titulaires d'une existence juridique, étaient fréquemment traduits devant les tribunaux. Sauf qu'aujourd'hui, les bêtes, ou les arbres, ou les roches, se retrouvent au pupitre de la poursuite.

C'est difficile à croire mais c'est un fait : il y a eu aux États-Unis de tels procès. L'un d'eux a été instruit en 1970 contre les entreprises Walt Disney — quel merveilleux symbole ! Trois des neuf juges se sont prononcés *en faveur des arbres,* lesquels, compte tenu de deux abstentions, n'ont pour ainsi dire perdu que par une voix...

« La montée de l'écologisme, l'élévation en religion de l'idée globalisante de nature intouchable et la chute de confiance d'une grande partie de la population envers la classe dirigeante sont trois phénomènes circonstanciels très liés, probablement nés indépendamment, mais qui se nourrissent maintenant l'un de l'autre », écrit l'économiste Ianik Marcil (dans *Le Devoir,* 18 juin 1993).

Ce que pensent, ressentent et vivent les gens n'a en effet pas beaucoup d'importance lorsqu'une idée est en cause. Une idée en vertu de laquelle il faudrait précisément, pour bien faire, les éliminer.

La propagande du mouvement P.C.

En attendant une providentielle hécatombe, ces joyeux personnages et leurs compagnons de route pratiquent le lavage de cerveau à grande échelle, jusque dans les écoles, que l'on croyait presque débarrassées des crucifix et autres gadgets d'asservissement collectif. Il y a quelque chose de formidablement indécent dans ces images télévisées d'enfants de six ans qui, dès qu'on plaque devant eux le gros œil électronique d'une Betacam, balbutient en s'appliquant à bien détacher les syllabes :

> « J'ai-me-rais ça, moé, que les com-pa-gnies, y' bri-sent pu la cou-che d'o-jo-neuh !... »

Le journaliste et historien Alain-Gérard Slama a remarqué les efforts de propagande déployés en milieu scolaire par les troupes du Nouvel Ordre moral (l'expression est d'ailleurs de lui, bien qu'il l'emploie dans un sens plus restrictif).

Slama a arpenté un tout autre terrain d'intervention — tant il est vrai que toutes ces choses se rejoignent —, celui du racisme. Dans une école française, raconte-t-il, on a demandé à des écoliers du niveau élémentaire leurs opinions sur l'Afrique du Sud, sur les Chinois, les Arabes, les Noirs ; on leur a demandé *si leurs parents étaient racistes !* « L'intrusion du militantisme [...] sur le territoire du professeur prend ainsi des allures d'inquisition, dont témoigne la terrible question sur les parents. [...] À dix ans, un enfant n'a pas d'opinion sur l'Afrique du Sud : on lui fait apprendre par cœur l'idée qu'il faut en avoir », écrit-il (dans *L'Angélisme exterminateur*).

Au Québec, l'enfant a toutefois une opinion arrêtée sur le... sexe des dragons ! Ceux-ci ne sont pas asexués, prévient en effet le *Guide pour l'élimination des stéréotypes discriminatoires dans le matériel didactique* utilisé par l'État (dans *L'actualité*, septembre 1989). Il est probable que les *dragonnes* ne doivent pas être vues en train de faire la vaisselle et qu'il est interdit à leurs époux de cracher le feu si c'est pour s'allumer une cigarette...

On se cogne ici au cul-de-sac de la *political correctness*, autre invention des universités américaines, qui est essentiellement, d'une part, une affaire de détournement et d'utilisation terroriste du langage selon les méthodes testées par des générations d'intellectuels. D'autre part, une lutte féroce contre le progrès, surtout — mais non exclusivement — en matière d'égalité des sexes et des races.

Dans *Illiberal Education*, Dinesh D'Souza décrit dans le détail les victoires du terrorisme *politically correct* aux États-Unis. Il commente : « La plupart des Américains sont dans la classe moyenne. Et il est plutôt difficile de dresser un plombier contre un commis de magasin. Toutefois, à cause de son histoire, notre pays est rongé par un véritable ressentiment racial. Et les marxistes se sont rendu compte que cela représente un terreau très fertile pour y semer les germes de la confrontation. » (Dans *Voir*, 6 mai 1993.) En France, Slama a observé le dérapage des systèmes de discrimination dite positive, fortement noyautés par les idéologues *politically correct*. Non seulement ces systèmes se révèlent-ils parfaitement inefficaces, mais ils conduisent insidieusement la société à revenir à cette épouvantable époque où sévissait « la prise en compte de la religion et de la race par les organismes ».

Chacun aura évidemment remarqué qu'il n'est politiquement correct de s'attaquer qu'aux institutions occidentales, et si possible américaines.

Ainsi, le racisme n'existe-t-il qu'aux États-Unis et pas ailleurs.

Même si, en 1992, c'est en Allemagne que l'on a déploré 2 000 attentats racistes ayant fait 17 morts et que les effectifs néonazis ont été multipliés par 6,5 en trois ans, le nombre de leurs sympathisants étant évalué à 45 000. En Allemagne aussi que la loi sur la naturalisation empêche 840 000 enfants nés en Allemagne de parents étrangers d'obtenir la citoyenneté allemande. En France que le vote d'extrême-droite a atteint un sommet de 14,5 pour 100 — avec des pointes à 30 pour 100 dans certains quartiers — en 1988. Oserais-je ajouter qu'à Montréal même, au début de 1993, on comptait au grand total 12 policiers noirs (et 30 des communautés ethniques) sur 4 517 gardiens de la paix ?...

Seuls les États-Unis rejettent des réfugiés — ces malheureux Haïtiens, par exemple, que l'on a abondamment vus sur toutes les chaînes de télé — et souhaitent assurer le respect des lois régissant l'immigration.

La télé n'a pas beaucoup montré, par

contre, les Albanais expulsés d'Italie ou les Nord-Africains bloqués par l'Espagne. Nous n'avons pas beaucoup entendu les déclarations de ces élites françaises qui veulent instaurer une politique d'immigration zéro sur le territoire de l'Hexagone... Les États-Unis ont accueilli 4,5 millions d'immigrants entre 1960 et 1970 ; six millions dans la décennie qui a suivi ; puis 8,6 millions entre 1980 et 1990, soit la moitié des émigrants du monde entier. En 1992, les États-Unis ont accueilli 1,1 million d'étrangers, chiffre le plus important depuis 1907.

Faits négligeables, bien entendu.

Comme toutes les idéologies totalitaires, la *political correctness* ne s'intéresse absolument pas à la réalité, se préoccupant uniquement d'imposer à l'homme, cet abruti, des schémas de pensée et des codes de conduite véhiculant les lubies de la classe dominante.

De quoi demain sera-t-il fait ?

Quel sera le prochain terrain de manœuvre du Nouvel Ordre moral ?

Difficile à dire.

On peut cependant être raisonnablement certain de trois choses.

D'abord, toute nouvelle offensive prendra à coup sûr prétexte de l'un ou l'autre des problèmes qui sollicitent de façon urgente notre attention afin de s'assurer que n'y soit apportée aucune solution. Les dossiers qui viennent immédiatement à l'esprit sont — non exhaustivement — la misère dans les mégapoles du Nord ; l'instauration de la paix dans le monde ; le développement économique du Sud et son corollaire, le consensus économique et social à redéfinir à l'échelle de la planète.

Je n'ose pas penser au degré de violence qui accompagnerait ces nouvelles guérillas du Nouvel Ordre moral s'il fallait que, par une épouvantable malchance, elles se heurtent dans l'un ou l'autre de ces champs d'intervention à des solutions réelles, concrètes et efficaces apportées par... l'Amérique.

La probabilité d'un tel malheur n'est pas nulle, je le crains, si l'on se fie à l'Histoire récente. Les États-Unis « sont perçus, bon gré mal gré, comme l'ultime recours en cas de crise grave », note Alfredo G. A. Valladao.

Ensuite, les temps ayant changé et les idéologies lourdes s'étant transformées en *kits* d'idées légers et ponctuels, les nouveaux totalitarismes seront sans doute forgés dans le but de s'insérer dans tous les interstices de la vie en société. Ils seront véhiculés par les troupes étatico-bureaucratiques, qui ne demandent évidemment pas mieux que d'imposer un contrôle social de plus en plus tâtillon destiné à instaurer une sorte de *dictature du bien*. Ce phénomène est déjà fortement engagé, comme en témoigne l'hystérie de l'antitabagisme : on voit venir le jour où, de la même façon qu'on le faisait sous le sultan turc Ahmed I (1603-1617), on percera des trous dans le nez de ceux qui se feront épingler par la police du tabac — déjà en place... Cette forme de répression est un commode prétexte, notons-le toutefois, pour faire accéder le brigandage d'État au niveau du hold-up pur et simple. Elle constitue une parfaite illustration de la façon dont l'instauration d'une dictature du bien est une opération tous bénéfices — plus de pouvoir, plus de fric — pour l'*establishment* étatico-bureaucratique.

« La progression des mesures de contrôle social au détriment de l'autonomie individuelle et le transfert des légitimités démocratiques au bénéfice des experts sont des phénomènes lents, insidieux, (dont la liste est) loin d'être close : l'inventaire qu'on peut en dresser aujourd'hui est, hélas ! sans perspective de liquidation. Jusqu'où faudra-t-il que cette liste s'allonge, pour que son évidence crève les yeux ? [...] Nos libertés sont grignotées selon un processus qui n'aura de chance d'être interrompu que du jour où il sera clairement apparu qu'il s'agit d'un processus. [...] C'est la totalisation en un système qui fait l'idéologie », analyse Alain-Gérard Slama.

Enfin, les formes nouvelles de pensée magique qu'adoptera le Nouvel Ordre moral s'inspireront probablement de systèmes développés dans les universités américaines et seront essentiellement dirigées contre la démocratie, la modernité, le plaisir, le peuple, les États-Unis. La caste des idées des autres pays occidentaux se jettera dessus sans examen préalable puisqu'elle y verra de nouveaux moyens de protéger, de consolider et peut-être même, avec un peu de chance, d'augmenter ses pouvoirs.

12

Épilogue

Par un beau jour de juillet 1992, des centaines de femmes ont manifesté à Niamey afin de dénoncer le pouvoir dictatorial exercé sur elles par les marabouts — version ancestrale de notre aristocratie du savoir (dans *Le Journal de Montréal*, 17 juillet 1992).

Ces doctes praticiens de la pensée magique accusaient les femmes d'être (du fait de leur décrépitude morale et culturelle illustrée par le port de jupes courtes à l'occidentale) responsables des malheurs en général, et de la sécheresse en particulier, s'abattant sur le pays.

L'histoire ne dit pas si cette révolte changea dans l'immédiat quoi que ce soit au sort de ces courageuses femmes nigériennes.

Cependant, nonobstant les résultats obtenus, celles-ci ont ainsi balisé une route qu'il est urgent d'emprunter : celle de la contestation des prétentions irrationnelles des pouvoirs établis, celle du refus des combats d'arrière-garde engagés par les praticiens de la pensée magique.

Celle de l'opposition systématique à tous les marabouts de la planète.

Bibliographie

Agences, journaux et périodiques

Québec: Presse canadienne, *La Presse,*
Le Devoir, Le Journal de Montréal, Voir,
L'actualité.
États-Unis: BPI Entertainment News Wire,
Associated Press, United Press Inter-
national, *USA Today, Time, Newsweek,*
US News.
France: Agence France Presse, *Le Figaro,*
Libération, Le Nouvel Observateur,
Le Point, L'Express, L'Événement du
Jeudi.
Grande-Bretagne: Reuter, *The Economist.*

Ouvrages divers consultés et/ou cités

Armstrong, Neil, Collins, Michael et Aldrin,
Edwin E. Jr. ; avec la collaboration de

Gene Farmer et Dora Jane Hamblin. Traduit de l'américain par Frank Straschitz. *Premiers sur la lune.* Robert Laffont, Paris, 1970.

Audouard, Yvan. *La connerie n'est plus ce qu'elle était.* Plon, Paris, 1993.

Auster, Paul. *Léviathan.* Traduit de l'américain par Christine Le Bœuf. Actes Sud, Paris, 1993.

Bombardier, Denise. *La Déroute des sexes.* Éditions du Seuil, Paris, 1993.

Boncenne, Pierre, *Les petits poissons rouges.* Éditions du Seuil, Paris, 1992.

Cau, Jean. *L'Ivresse des intellectuels.* Plon, Paris, 1992.

Chomsky, Noam. *Media Control/The Spectacular Achievements of Propaganda. Pamphlet # 10.* Open Magazine, Westfield (É.-U.), 1991.

Côté, Roch. *Manifeste d'un salaud.* Éditions du Portique, Montréal, 1990.

Debord, Guy. *Commentaires sur la société du spectacle,* suivi de *Préface à la quatrième édition italienne de «La Société du spectacle».* NRF, Gallimard, Paris, 1992.

Debray, Régis. *Vie et mort de l'image.* NRF, Gallimard, Paris, 1992.

Etchegoyan, Alain. *La démocratie malade du mensonge.* Éditions François Bourin, Paris, 1993.

Faget, M.-G. *La Farce littéraire.* Société des Éditions Régionales, Paris, 1991.

Faludi, Susan. *Backlash/La Guerre froide contre les femmes.* Traduit de l'américain par Lise Eliane Pommier, Évelyne

Chatelain et Thérèse Reveillé. Des Femmes, Paris, 1993.

Ferry, Luc. *Le Nouvel Ordre écologique.* Grasset, Paris, 1992.

Fukuyama, Francis. *La Fin de l'histoire et le dernier homme.* Traduit de l'anglais par Denis-Armand Canal. Flammarion, Paris, 1992.

Gauvin, Lise et Klinkenberg, Jean-Marie (sous la direction de). *Écrivain cherche lecteur.* VLB éditeur, Montréal, 1991.

Grimaldi, Muriel et Chapelle, Patrick. *Apocalypse, mode d'emploi.* Presses de la Renaissance, Paris, 1993.

Grobel, Lawrence. *Conversations avec Marlon Brando.* Traduit de l'américain par Anne Michel. Albin Michel, Paris, 1993.

Johnson, Paul. *Le Grand Mensonge des intellectuels.* Traduit de l'anglais par Anick Sinet. Robert Laffont, Paris, 1993.

Julien, Claude. *America's Empire.* Traduit du français par Renaud Bruce. Pantheon Books, New York, 1971.

Larose, Jean. *L'Amour du pauvre.* Boréal, Collection Papiers collés, Montréal, 1991.

Lazareff, Alexandre, J.-M. de Montremy et le magazine *Lire. L'année du livre 1992-1993.* Robert Laffont, Paris, 1993.

Leclercq, Pierre-Robert. *Les Sachants.* Les Belles Lettres. Collection Iconoclastes, Paris, 1991.

Lemieux, Michel. *L'Affreuse Télévision.* Guérin littérature, Montréal, 1990.

Lipovetsky, Gilles. *L'Empire de l'éphémère.* Folio Essais, Gallimard, Paris, 1987.

Lipovetsky, Gilles. *Le Crépuscule du devoir.* NRF Essais, Gallimard, Paris, 1992.

Marienstras, Élise. *Les Mythes fondateurs de la nation américaine.* Éditions Complexe, Bruxelles, 1992.

Minc, Alain. *Le Média choc.* Grasset, Paris, 1993.

Morris, Richard B. *Encyclopedia of American History.* Harper & Row Publishers, New York, 1953 (révisé en 1961).

Morrison, Toni. *Jazz.* Traduit de l'anglais par Pierre Alien. Christian Bourgeois éditeur, Paris, 1993.

Portes, Jacques. *L'Histoire des États-Unis depuis 1945.* Repères, Éditions La Découverte, Paris, 1992.

Rand, Ayn. *La Vertu d'égoïsme.* Traduit par Marc Meinier avec la collaboration d'Alain Laurent. Iconoclastes, Les Belles Lettres, Paris, 1993.

Revel, Jean-François. *Ni Marx ni Jésus.* Documents J'ai lu, Robert Laffont, Paris, 1970.

Revel, Jean-François. *La Tentation totalitaire.* Le Livre de poche, Laffont, Paris, 1976.

Revel, Jean-François. *La Connaissance inutile.* Grasset, Paris, 1988.

Revel, Jean-François. *Le Regain démocratique.* Fayard, Paris, 1992.

Richard, Guy. *L'Histoire inhumaine.* Armand Colin, Paris, 1992.

Schlesinger, Arthur M. Jr. *The Cycles of American History*. Houghton Mifflin Company, Boston, 1986.

Schneider, Michel. *La Comédie de la culture*. Éditions du Seuil, Paris, 1993.

Seguin, Jean-Pierre. *Canards du XIXe siècle*. Armand Colin éditeur, Paris, 1959.

Slama, Alain-Gérard. *L'Angélisme exterminateur*. Grasset, Paris, 1993.

Suffert, Georges. *Les Nouveaux Cow-boys/ Essai sur l'antiaméricanisme primaire*. Olivier Orban, Paris, 1984.

Tsé-Toung, Mao. *Citations du Président Mao Tsé-Toung*. Éditions en langues étrangères de la République populaire de Chine, Pékin, 1967.

Valladao, Alfredo G. A. *Le XXIe siècle sera américain*. Éditions La Découverte, Paris, 1993.

Table
des matières